fidelidade obrigatória
e outras deslealdades

amores comparados

3

fidelidade obrigatória

e outras deslealdades

Regina Navarro Lins

Flávio Braga

BestSeller

CIP-BRASIL. CATALOGAÇÃO-NA-FONTE
SINDICATO NACIONAL DOS EDITORES DE LIVROS, RJ.

L733f
Lins, Regina Navarro, 1948-
Fidelidade obrigatória e outras deslealdades / Regina Navarro Lins, Flávio Braga. – Rio de Janeiro: Best*Seller*, 2007. – (Amores comparados; 3)

Inclui bibliografia
ISBN 978-85-7684-171-5

1. Relações homem-mulher. 2. Traição. 3. Comportamento sexual. I. Braga, Flávio, 1953-. II. Título. III. Série.

06-3034 CDD 306.7
CDU 392.6

Arte de capa: Tita Nigrí
Ilustração: André Amaral
Editoração eletrônica: Kátia Regina Silva

Impresso no Brasil

ISBN 978-85-7684-171-5

Pedidos pelo Reembolso Postal
Caixa Postal 23.052
Rio de Janeiro, RJ – 20922-970

sumário

introdução

Este volume se ocupa da idéia de fidelidade aplicada à vida conjugal. Veremos como a Antiguidade lidava com a exclusividade sexual, ou melhor, com a ausência dela. A Roma antiga, um dos pilares da civilização ocidental, foi a região histórica escolhida para a pesquisa e a elaboração das narrativas. O texto "Fragmentos romanos" reúne algumas histórias divertidas e outras trágicas e insólitas sobre a busca de prazer fora do contrato conjugal. São registros de como a mulher era submissa até o limite da vida aos senhores do Império, mas também demonstram a tarefa ingrata de reter a sexualidade de alguém em limites impostos pelo sentimento de propriedade.

O texto comparativo da atualidade, cuja fonte é um caso de consultório, também agrega elementos interessantes para avaliarmos o comportamento dentro do casamento. Embora sem o radicalismo perverso da Antiguidade, é possível observar que somos ainda muito sensíveis à idéia da não-exclusividade, especialmente quando as partes envolvidas nos são bastante próximas. Um grupo de amigos na metrópole paulistana é a incubadora na qual se criam paixões e intrigas decorrentes do sexo fora do casamento.

O texto crítico que acompanha as narrativas nos situa dentro da história das idéias e lança luz sobre cada aspecto desse jogo fascinante e perigoso, ainda mascarado sob o mito da fidelidade.

fragmentos romanos

A narrativa que reproduzimos a seguir foi escrita por Trínio Fidélio, patrício romano que viveu entre os séculos I a.C. e I d.C. As datas que correspondem a seu nascimento e morte não foram registradas. O texto foi redigido provavelmente em latim culto, depois vertido para o latim vulgar. Mesmo não sendo um grande autor da Antiguidade, Trínio consegue esclarecer alguns aspectos sobre o funcionamento dos relacionamentos e a noção que se tinha de fidelidade na Roma antiga. O texto é dirigido aos senadores de então, mas não sabemos – e nunca saberemos – se chegou ao conhecimento deles.

"Há maridos tão injustos que exigem de suas mulheres uma fidelidade que eles mesmos violam; se parecem com os generais que fogem covardemente do inimigo, mas exigem que seus soldados mantenham a posição como heróis."

Plutarco

Veneráveis,

Encaminho à sua apreciação o levantamento que realizei durante um longo período sobre a questão da fidelidade em Roma. Ao utilizar a palavra *fidelitate*, estou ciente de quão ampla é sua significação e as largas acepções que ela permite. Mas não me amedronto, antes dirijo minha intenção a um fim específico: a fidelidade que a mulher deve a seu marido e este à sua esposa – a fidelidade conjugal. Percebo, claramente, que a mulher deve obediência indiscutível a seu homem quando entre eles há um acordo matrimonial. Não questiono o direito inalienável do cidadão romano de cobrar de sua esposa integral fidelidade. O que move minha investigação está além dos direitos e deveres de homens e mulheres casados. Observei o quanto e como se pratica a fidelidade em Roma. A esplêndida cidade, guia imperial do mundo e pátria de heróis abençoada pelos deuses, possui um cotidiano, um dia-a-dia, um jeito de viver que é sua face verdadeira.

• • •

Estipulados o tema e o objetivo de meu trabalho, passo a esmiuçar o método escolhido e descrever, de forma resumida, os eventos destacados para a análise. Os casos de infidelidade punidos com a morte da mulher são bastante comuns. Os menos rigorosos utilizam a chibata e o encarceramento temporário para corrigir uma esposa desviante. Há ainda os que alteram o *status quo* da esposa, rebaixando-a à condição de escrava. Qualquer um desses tratamentos é considerado necessário, menos o desleixo e o esquecimento, uma vez que não se deve estimular o vício. Assim como o castigo é bem-vindo, a injustiça é pérfida. Faz-se necessário que a infidelidade seja comprovada, de preferência com a certeza do flagrante. Para a compreensão do fenômeno chamado infidelidade, selecionei seis casos recentes com desfechos diversos. Acredito que, em conjunto, eles possam representar um quadro bem autêntico, auxiliando legisladores e historiadores na compreensão do problema e, na medida do possível, na alteração das condições que os tornaram possíveis.

• • •

O primeiro caso que abordo em minha investigação revela curiosidade e é representativo da esperteza da mulher. A totalidade de seus detalhes só foi possível devido ao confronto entre diversos depoimentos de escravos e libertos. Trata-se de um evento ocorrido com Zelica, esposa do patrício Fabrício Rufo, um comerciante abastado. Seu negócio de especiarias para embelezamento o fez muito rico. Ele mandou construir um palácio formidável, com vários salões e vinte quartos para convidados, além de um amplo pátio interno onde uma piscina de mármore tornava agradáveis o banho e a conversa amigável. A bela Zelica era a rainha desse aprazível lugar. Como de costume, Fabrício contratou um artesão pintor para cobrir as paredes principais com as cenas egípcias de sempre, com crocodilos e hipopótamos se refestelando junto a algum rio imaginário. Entre os prestadores de serviço para essa especialidade, estava à frente Sabino, artista que deixou sua marca em muitos palacetes de outros patrícios. Esse decorador de muros, sem chegar a ser notável, era um artesão competente, falante e pouco modesto. Fabrício o contratou por uma boa quantia em dinheiro e abriu suas portas para que ele executasse a obra.

• • •

A casa de romanos abastados é, como bem sabem, um lugar multíplice: escravos, libertos e mulheres transitam ali para todo fim. Podemos adiantar, sem exagero, que pelo menos vinte pessoas estão sempre em alguma atividade. Zelica era o grande centro de todo o movimento quando Fabrício, movido por seus afazeres, se ausentava. Sabino logo travou contato com a bela esposa de seu contratador. Ela se pôs diante do mural no momento em que ele retocava a cauda de um gigantesco crocodilo de olhos verdes. Ao redor da mulher, sempre havia o acompanhamento de duas escravas e uma liberta, que auxiliavam a patroa em qualquer necessidade. Zelica afastou uma das meninas, que retocava sua maquiagem com um preparado de gordura de lã de carneiro, e se pôs a admirar o trabalho do artesão.

"É um refinado artista", disse, após alguns momentos de reflexão. Sabino curvou-se, sorridente, e devolveu o elogio, aumentado, como lhe pareceu razoável.

"Diante de sua beleza, minha arte se recolhe."

Zelica sorriu e continuou seu passeio pela alameda interna do palácio. Sabino terminou a cauda do crocodilo, repassou para um dos auxiliares a tarefa de colorir o hipopótamo e, apanhando as pontas de ferro para desenho, foi procurar uma nova parede para esboçar alguma paisagem. Informou-se sutilmente sobre a localização dos aposentos da esposa de Fabrício e acomodou-se a poucos passos da porta. A criadagem acompanhou cada movimento de Sabino, como era de se esperar, e depois me reproduziu as manobras do artesão em todas as minúcias. O novo encontro, casual, permitiu a Sabino decidir com Zelica sobre os motivos que utilizaria ali, ao lado de seu quarto. Propunha-se a pintar a imagem da deusa Vênus, protetora dos amantes e também das prostitutas. A senhora da casa gostou da idéia. Discutiram os detalhes do fundo, as cores, e o artesão pediu um momento a sós com ela. A esposa de Fabrício dispensou as escravas e a liberta que a acompanhavam. Minha fonte, a partir daí, pôde, a distância, observar a patroa sorrir enquanto Sabino falava. Tudo durou pouco tempo e Zelica o dispensou para voltar à pérgula, onde uma das escravas continuou escovando seus longos cabelos.

• • •

Nunca saberemos o que o artesão disse à mulher de Fabrício, mas não é difícil imaginar que, diante das conversas antecedentes, Sabino se sentiu animado em propor um aprofundamento nas relações com a bela Zelica. Ele confiava em seu brilho, que, segundo consta, não havia falhado em nenhuma conquista. Ao ser rechaçado dessa vez, viu ferido seu orgulho. Precisava recuperar a confiança abalada e dar uma lição na insolente mulher, que se insinuara, segundo sua visão, para, em seguida, recuar.

As paredes do Império, como bem sabem, são cobertas pelas inscrições e mensagens públicas. É nelas que o vulgo toma conhecimento de muitas coisas acontecidas. Sabino, como artesão e pintor, dominava a arte de se expressar nos muros.

• • •

Zelica cunnunm linget assibus IIII

A inscrição foi lida por todos na muralha externa do palácio de Fabrício, e insinuava que a esposa deste praticava o *cunnilingus* por quatro asses. Semelhante sugestão provocou reações hilárias. Não tanto, talvez, por sugerir que a nobre esposa se entregasse aos beijos em suas partes íntimas, mas que cobrasse por isso. A prática da prostituição sem o devido registro é considerada indevida e vexatória. Por outro lado, o orgulhoso Fabrício não achou nenhuma graça em que maculassem sua parede com semelhante insinuação. Ele possuía seus espiões na casa, libertos de confiança que informavam tudo ao patrão. Todos sabiam que o artesão se insinuara à esposa do comerciante. Como deveria reagir um marido enganado? Ora, com o revide.

• • •

Os atos seguintes de Fabrício nos permitem imaginar que ele pesou todas as suposições. A primeira, que, de fato, a acusação na inscrição fosse verdadeira; a segunda, que se tratasse de uma injúria. Meus observadores registraram o encontro dele com a mulher. Ouviram atrás da porta, como é usual em casas de muitos servos.

– Estava inscrito em nossa casa que a esposa do cidadão se entrega aos carinhos por meros quatro asses. Que tem a dizer? – inquiriu o difamado.

– Que é falso! O artesão ousado me propôs que o satisfizesse e o desencorajei. Errei em não denunciar a ousadia, mas considerei que seu trabalho é superior ao seu caráter. Sua vingança foi a difamação.

Ora, Fabrício considerou as versões. Seus espiões de fato não haviam flagrado os dois em pleno ato. Podia ser verdadeira a narrativa de Zelica. Castigar o artesão implicava romper com o contrato de trabalho e perder os excelentes painéis que estavam sendo compostos. Deixar passar em brancas nuvens poderia encorajar alguma transgressão. Era preciso deixar claro que ele não aceitaria nada do gênero. A solução era castigar quem estava à mão. O látego de três pontas lhe pareceu o melhor meio. Os gritos e gemidos de Zelica foram ouvidos em toda a casa e mesmo o pérfido Sabino, que trabalhava no outro extremo do palácio, sentiu realizada sua vingança pela negativa da bela esposa em ceder a seus desejos. Mais ainda, ele deixava claro a outras mulheres da casa que era poderoso em seus intentos.

• • •

Podem imaginar o ódio que se acumulava no coração de Zelica, enquanto a escrava aliviava a dor nos vergões com óleo de peixe? Talvez lhe doesse mais a injustiça do que a carne lacerada. Os dias se passaram e o acontecimento pareceu superado, mas Zelica tramava algo. Duas de suas servas foram convocadas para auxiliar no contragolpe. Dias depois, a mais formosa delas atraiu Sabino para um quarto afastado do salão central. Mal a tarde caía, entraram na alcova e a bela menina imediatamente despiu o manto, pondo-se nua. O artesão avançou sobre a carne jovem com voracidade. Beijava o colo da escrava quando, então, sentiu outra presença e, ao levantar os olhos, deu com Zelica, também nua. Ela sorriu, tranqüilizando-o, e aproximou-se do leito. Talvez intimamente ele tenha percebido a armadilha, mas se deixou conduzir pelos beijos de ambas. Sua imprevidência se apoiou na falsa informação de que o patrão se ausentara de Roma. Punha-se de joelhos entre as pernas de Zelica quando Fabrício entrou.

"Agora é verdade, meu marido", disse ela ao se desvencilhar do rapaz.

• • •

Sabino, enforcado na madrugada seguinte, deixou a ala esquerda da casa sem crocodilos ou hipopótamos. Curiosamente, a esposa recuperou o poder original. Dizem os informantes que Fabrício apreciava a capacidade administrativa da esposa. Os romanos sempre deram muito valor a essas qualidades.

• • •

As razões de uma infidelidade conjugal são variadas e nem sempre apoiadas inteiramente na luxúria. O amor por alguém fora da relação não é raro e é problema quase incontornável. Recolhi a história de Laércia, um trágico encontro amoroso de mulher casada. Ela era esposa de Rômulo, oficial da guarda de César, homem fascinante por seu porte e capacidade operacional, muito respeitado na corte como repressor de tumultos da plebe. Sua missão era limpar a região por onde o imperador viria a passar. Costumava ausentar-se durante semanas e até meses, abrindo caminho na comissão de frente da corte. A bela Laércia, filha de patrícios ricos, se casara levando um dote bastante generoso e todos invejavam a união desses dois privilegiados. Rômulo comprara uma bela casa perto do templo de Éfeso e o casal instalou-se confortavelmente com alguns escravos e dois libertos de confiança. Havia, enfim, um bom presente e um futuro promissor para o casal... Se os deuses não lhes reservassem a armadilha do amor infiel.

• • •

Enquanto Rômulo dissolvia os tumultos nas colônias romanas, viajando por estradas enlameadas nos confins do Império, Laércia se entediava com a rotina das esposas romanas. Observava o trabalho dos escravos, maquiava-se e penteava longamente os cabelos enquanto o Sol se erguia e se punha como sempre. Havia as amigas, outras semelhantes a ela, que, na segunda parte do dia, se encontravam no mercado para comprar peixe e divagar. Uma, especialmente chegada a Laércia, chamada Seres, era esposa de Marco Flávio, oficial como Rômulo, mas da pretoria. A amiga era ligeiramente mais velha que Laércia e vinha de família menos rica. Seres poderia ser classificada como um tanto pervertida. Mas seu marido, que era adorador de Baco, ou seja, bêbado nas horas vagas, e admirador de Príapo, isto é, fascinado pelas orgias com várias mulheres, não se opunha às saídas da esposa, desde que ela não o perturbasse. Bem, Rômulo sabia disso e não via com bons olhos a amizade entre Laércia e Seres, mas se mantinha neutro.

• • •

Ora, como sabem, em 1º de abril, as esposas festejam a deusa Vênus. Uma procissão de mulheres e homens dança e bebe vinho enquanto se dirige a seu templo. Seres era freqüentadora assídua do ritual de abril e convocou Laércia, que, em outros anos, se havia negado a participar. Mas ocorre que o novo convite coincidiu com uma das viagens de Rômulo. Não havia o que fazer e se ouvia a distância o som dos tambores convidando para a homenagem. Seres chegou à casa da amiga vestindo um manto de seda quase transparente que realçava seu corpo arredondado.

– Está na hora, mulher, precisamos prestar homenagem a Vênus. Vista alguma coisa esplêndida e insinuante porque a deusa quer que exaltemos o amor – disse Seres.

– Não posso voltar tarde porque, a partir de amanhã, a qualquer momento, Rômulo pode chegar – retrucou Laércia.

– Ora, Rômulo, Rômulo... a esta hora ele deve estar montado em alguma hetaira, jogando sêmen em sua vulva.

– Não. Ele está preparando a viagem do Imperador...

– Ora, o Imperador também deve estar jogando sêmen em alguma vulva... Vamos logo...

Ah, a influência das mulheres sobre as mulheres... prevalece... Laércia enrolou-se num pano brilhante, adornou o colo com um longo colar de pedras verdes que o marido lhe trouxera das margens do Nilo e se pôs à disposição de Seres.

• • •

O Sol se inclinava sobre a colina onde se assenta o branco templo da deusa. A multidão de homens e mulheres aumentava com a chegada da noite. Ânforas de vinho doce corriam de mão em mão, enquanto as louvações e danças alimentavam o clima de adoração ao prazer. Podem imaginar a horda tão conhecida dos romanos. As duas mulheres tentavam acompanhar e entrar no ritmo alucinante do evento. Dois jovens se aproximaram e um deles logo abraçou Seres com desenvoltura. O outro fez o mesmo com Laércia, mas ela se desvencilhou do abraço.

– Relaxe, amiga, Vênus nos protege de todo o mal.

Dançaram um pouco os quatro, de mãos dadas, mas Laércia continuava resistindo a seu par.

– O que a impede, oh, bela, de se entregar ao que a espera? Quem lhe fala é Diogo, o poeta, que só quer livrá-la do que a inquieta.

O rapaz era jovem, belo, sorriu e ofereceu vinho a Laércia. Bastaram os primeiros goles para que o clima da deusa a envolvesse e a noite recebesse os dois, por inteiro. Abraçados, aos beijos, acamaram-se nas margens do Tibre. Acordaram com a luz sobre seus corpos seminus.

– Preciso ir. Meu marido pode chegar a qualquer momento – declarou Laércia.

– Então, é casada? – indagou o rapaz.

– E com um oficial centurião que não me quer rolando em braços alheios.

– É mesmo?

– Com toda a certeza.

Laércia olhou em torno, mas não conseguiu distinguir a amiga entre os casais que jaziam adormecidos nas proximidades.

– Os patrícios romanos não costumam ser ciumentos – insinuou o rapaz.

– Mas o meu é exceção.

Laércia, levantada, procurava orientar-se no caminho de casa.

– Levo você.

– Melhor não – respondeu.

– Vejo você novamente?

– Melhor não – declarou a mulher.

– Só sabe dizer: "melhor não"?

– Sim.

– Diz "Sim, nos veremos". Gostou, ao menos?

Laércia sorriu, recebeu um beijo de Diogo e partiu.

• • •

Ora, o jovem poeta não saiu mais da cabeça de Laércia. Rômulo se ausentava muito naqueles dias e a deixava sem companhia. Mas Diogo se perdera lá nas margens do rio. Seres não o conhecia e nem sequer terminara a noite com seu companheiro de primeira hora. Enfim, a jovem Laércia desejava rever alguém que era desconhecido. Assim, os dias passaram sem novidades, embora a jovem mulher retornasse ao templo na esperança de encontrar o amante, sem sucesso. Tudo parecia perdido na lembrança de uma noite de loucuras quando Seres levou Diogo à casa de Rômulo. Laércia empalideceu ao ver o rapaz.

– É louca em trazê-lo aqui – disse à amiga, depois que estavam todos sentados no pátio bebendo refresco de cidra. Orino, amigo de Diogo e agora amante de Seres, também acompanhava o grupo.

– Precisamos sair daqui. Não sabe o risco que corremos – advertiu Laércia, que conhecia bem seu esposo, mas se sentia apaixonada por Diogo.

– Então, vamos. Deixemos que nossos passos nos carreguem. Vamos. Há mais a nos esperar do que o perigo que se apresenta no ar – exclamou Diogo, exaltando poeticamente o reencontro.

– Eu os encontrei no mercado. São de Pompéia e nos querem como amantes – disse Seres, exultante, ao ouvido de Laércia.

– Está me conduzindo à perdição, amiga.

– Perdido está quem não vive – retrucou Seres.

E saíram os quatro, felizes como crianças.

• • •

Rodaram pelo mercado, giraram nos recantos imundos do cais, entraram nos bordéis. Diogo cantou ao som dos saltérios, enquanto Laércia e Seres dançaram com as prostitutas embaladas pelo vinho ordinário. Mergulharam, enfim, na vida mundana. Acabaram dormindo em quartos alugados por três asses a noite. Na manhã seguinte, Laércia estava certa de amar seu jovem poeta, e ele a ela. Eram tão sinceros quanto ingênuos. Ela voltou para casa pensando nele e não mais parou de fazêlo. Descobriu que o marido era apenas uma conveniência incômoda. Precisava de Diogo para amar tanto quanto de água para beber. Aaahh, as mulheres... Falo assim porque, embora Diogo também a amasse, não se exasperava tanto. Sua vida era girar pelas ruas, encantar as mulheres e tecer versos como teias, simplesmente apanhar o que precisava para continuar sobrevivendo...

• • •

– Dispa-se e me aguarde no quarto. Cavalguei dois dias pensando em seu corpo, Laércia – disse Rômulo logo que entrou na casa. Ela obedeceu, constrangida por sua indiferença ao beijo dele. Após deixar a montaria a cargo do escravo e chafurdar na fonte do jardim, vestido, o oficial romano entrou no aposento. Desfez-se do cinturão que sustentava o gládio e da toga curta e logo estava nu e teso, sorrindo para a jovem esposa, que o aguardava também nua. Laércia sentiu a mão poderosa do marido conduzindo-a para seu prazer e tentava lembrar de Diogo, mas a dor de atender aos desejos represados do marido bloqueava suas intenções. Rômulo cavalgou-a gemendo e bufando como um touro selvagem. Suas lágrimas rolavam enquanto ele entrava e saía veloz, até que urrou e desmoronou. Ela escondeu os olhos úmidos.

• • •

Devemos lembrar que a função de Rômulo era, justamente, desarmar rebeliões e descobrir complôs antes que eles se efetivassem. Não foi difícil perceber que sua esposa havia mudado. Assim, consultou alguns espiões e soube que os jovens haviam estado em sua casa. O oficial romano, diferente da média de seus pares, gostava da esposa além da simples função de gerar filhos, coisa, aliás, que não estava se cumprindo com Laércia. Inquiriu diretamente a mulher sobre os visitantes. Ela não sabia o que dizer e explicou que Seres os levara.

– A meretriz? – desdenhou Rômulo.

– São longos e tristes os dias quando não está em casa – argumentou Laércia.

– E então os preenche com os vadios da rua que sua amiga consegue?

– Apenas saímos para a procissão da deusa...

– Os rituais de Vênus são famosos pela licenciosidade... – observou Rômulo.

Laércia manteve a cabeça baixa. Não tinha coragem de encarar o marido.

– É fiel?

O silêncio pesado entre ambos prefigurava a tragédia.

– Fiz uma pergunta – repetiu o marido.

– Sou sua mulher e lhe devo obediência, mas meu amor é de outro homem.

– Aaahh, coragem não lhe falta. E quem é ele? Um dos vagabundos que a buscou em minha casa?

– Deixe-o em paz e vou esquecê-lo – declarou Laércia.

– Quer barganhar a salvação de seu amado!

– Ele não tem culpa de nada.

– Todos são culpados de alguma coisa, Laércia, é só investigar. Meu cavalariço o viu. Vou mandar dois soldados com ele até o mercado. Seu desejado será logo posto fora de circulação. Não é vingança, apenas medida profilática. Deitou-se com ele?

Laércia não ousou responder. Suas lágrimas cobriam a face.

• • •

Rômulo tinha afeição pela esposa, mas o adultério não pode ser incentivado. É contra a lei, como bem sabem. Que fim dar a uma esposa infiel é um problema a ser resolvido. As estradas são adornadas por crucificados e logo Diogo e Orino padeceram na beira de uma delas, fazendo a festa dos abutres.

Mas como agir com alguém que, apesar de tudo, não lhe era indiferente? Nos banhos, alguns dias depois, Rômulo contou a Nicola, oficial da Legião, sobre as estripulias de Seres, mulher deste. Conversaram sobre como agir.

– Eu sabia. Se disser que não, minto. Mas, se não a flagrar no ato, terei problemas com seu pai. Vai querer que lhe devolva o pequeno dote – queixou-se Nicola.

– Ora, faça com que confesse – disse Rômulo.

– Seres é uma cadela falsa. Talvez a opção seja passá-la no fio da espada e lançar o corpo no Tibre. Com esses tipos que elas andam, ninguém vai se surpreender com tal resultado. Se quiser, degolo a sua também.

– Deixe a minha comigo. Ainda não me decidi.

• • •

Ao saber da sorte de Seres, desaparecida logo depois, Laércia se preparava para ter o mesmo destino, e só aguardava uma morte rápida: afinal, seria uma solução melhor do que a indefinição que se estabelecera em sua vida. Mas Rômulo foi chamado a acompanhar o Imperador até uma das colônias e se ausentou por quase dois meses. Ela, aos poucos, ia esquecendo o que se passara, quando ele, então, retornou. Ao longe, pôde ver que o marido, em seu cavalo, escoltava uma liteira. Lentamente, aproximou-se o pequeno grupo, formado pelos carregadores e mais dois auxiliares que transportavam uma arca. Entraram no pátio da casa e Laércia foi recebê-los. A liteira, que era coberta por uma cortina, pousou no chão e Rômulo desmontou do cavalo. A pequena mão abriu o pano e surgiu uma bela mulher carregada de jóias nos braços e no pescoço.

– Ajude com a arca. Indique meu quarto – ordenou Rômulo.

Laércia demorou alguns instantes para perceber o que se passava.

– Rápido – determinou Rômulo.

– O que está acontecendo, Rômulo? – indagou Laércia.

– Resolvi poupar sua vida. A partir de hoje, é a serva de minha esposa, Xênia. Incline-se para cumprimentá-la.

O torpor provocado pela cruel realidade fez Laércia hesitar. Rômulo levou a mão à espada.

– Agora.

Xênia encarou a antiga ocupante do cargo de esposa e Laércia inclinou-se.

– Retire suas coisas. Sua habitação é junto com os outros escravos a partir de agora. Venha, Xênia. Vou lhe mostrar a casa.

• • •

A atitude do oficial Rômulo foi duplamente correta. Por um lado, demonstrou generosidade e transparência, ao contrário de Nicola, que assassinou a mulher e se desfez do corpo. Sem manchar suas mãos de sangue, ainda preservou o corpo de sua antiga mulher para uso próprio, uma vez que escravos devem ceder favores amorosos aos patrões. Poderíamos extrair deste caso a lição de que a fidelidade de um marido pode salvar uma esposa infiel da morte.

• • •

A conhecida frase, atribuída ao Imperador, de que os romanos buscam na esposa um ventre, pode ter interpretações variadas. A primeira delas e a mais óbvia é a de que só a mulher pode dar descendência ao homem. As mulheres se dividem em três grupos: as cortesãs para diversão, as concubinas para o dia-a-dia e as esposas para a criação e a manutenção da família. Nenhum romano espera fidelidade das cortesãs e pode esperar pouca ou nenhuma das concubinas, mas deve exigi-la da esposa. O risco do contrário é que ele crie como seu um filho alheio. Por essa participação especial na vida do homem, ela, a esposa, desfruta a posição mais cômoda e segura entre as mulheres. Ilustrando a situação desta na existência do cidadão romano, desejo contar a história de Luciano. Tratava-se de um oficial legionário, guerreiro com muitas campanhas de sucesso em carreira brilhante. Ele desposou Mirta, jovem da elite de Pompéia, que lhe concedeu um razoável dote. Foram morar numa boa casa, numa das colinas mais bem situadas de Roma. Luciano continuou sua trajetória de glórias nos sucessivos avanços do Império. É claro que era um homem disputado pelas cortesãs e que possuía não uma, mas duas concubinas.

Além disso, era freqüentador assíduo dos melhores lupanares da cidade.

Luciano tornou-se conhecido por sua voracidade sensual. Saía da casa das mulheres públicas para as de suas mulheres particulares e, em todas elas, cumpria seu papel de cobrir as fêmeas. Deixava claro que só via Mirta à noite, quando voltava da lides da guerra ou do amor. A esposa lhe deu dois filhos homens, enfeixando o melhor resultado entre um ventre fecundo e uma administradora do lar.

• • •

O porte altivo de guerreiro, aliado ao de macho bem-sucedido com as mulheres, gerava inveja entre seus pares, que disfarçavam o sentimento em posturas de adulação.

– Aguarde que a luz caia para sair, Luciano. Sua mulher pode estranhar se chegar cedo – disse Fredo, quando viu o amigo saindo do quarto da cortesã, vestindo a toga completa.

– Ele vai ainda passar na casa das outras – emendou Nicola, deitado entre as pernas de uma morena frígia.

– Fique, Luciano... – disse a mulher que estava com Nicola.

– Cale-se, estúpida. Está comigo. Quer que a esfole com o chicote?

– Calma, rapaz. Luciano perturba as mulheres... de verdade.

Todos riram, menos Nicola, que desacomodou a cortesã com um empurrão. Eram uns vinte casais em torno da pequena piscina. Todos seminus. Alguns copulavam ali, na frente de todos, enquanto os servos do lupanar passavam com ânforas de vinho, enchendo os copos.

– Preciso ir. Nesta madrugada parto em direção a Ravena.

– E sua mulher fica à vontade para receber seus amantes – ouviu-se a voz de uma mulher que estava fora do círculo.

Aqueles atentos à conversa voltaram a cabeça e localizaram Leontina na porta do quarto. Estava nua, com os cabelos revoltos, após horas de entrega a Luciano.

– Apesar de saber que o que move você é o despeito, arrisca-se muito em falar assim... Sua vida não vale um tostão no fio de minha espada... O que lhe salva é o bom sabor de sua cona – disse Luciano.

Todos riram.

– Os mais seguros são os primeiros a cair – vociferou a cortesã, e cuspiu para o lado antes de bater a porta.

• • •

A montaria de Luciano, depois de certa hora, se dirigia sozinha da Suburra, o bairro das cortesãs, para a casa de Muriel. Essa menina era uma das concubinas do oficial. Há alguns anos, durante uma embriaguês, Luciano a violentara na rua. Muriel tinha apenas 12 anos e o pai registrara queixa contra o centurião. O agressor foi chamado e confrontado com sua vítima. Era uma criança, mas o olhar experimentado viu que ali se prenunciava uma bela mulher. Luciano chamou o pai e propôs-se a indenizá-lo. Em troca, ficaria com a menina. O homem aceitou o acordo. Afinal, livrava-se de um problema e ainda embolsava algum recurso. Muriel foi acomodada num quarto com duas camas na parte superior de uma oficina de arreios. Luciano encarregou uma liberta de viver com ela. Era a velha Tenória, que supria as necessidades materiais da menina, preparava suas refeições e costurava suas vestes. As visitas de Luciano forçavam Tenória a se retirar do quarto. Muitas vezes, quem passasse pela rua, altas horas, dava com a velha sentada sob um toldo, aguardando o oficial acabar com sua concubina. Muriel nada reclamava, embora sua vida fizesse pouco sentido, além de aguardar a chegada de seu amante. Luciano sempre vinha um tanto embriagado e a visita a Muriel demorava pouco. Ele despia a toga, falava sobre assuntos que a menina desconhecia, sem se preocupar com a ausência de suas respostas, depois bebia alguns goles de um vinho que era reservado apenas para ele e se lançava sobre a amante. Quando adormecia, o que não era incomum, Muriel tinha ordens de acordá-lo, para que não perdesse a hora de voltar para casa. Esta última alternativa era a mais custosa de todas as funções da menina. Acordar Luciano enquanto ele roncava, profundamente adormecido, não era tarefa simples. Houve ocasiões em que ela chamou Tenória e as duas se empenharam sem sucesso, até a opção final de despejar um balde de água sobre o oficial.

• • •

Luciano alternava visitas a Muriel e a Tertiana, a outra concubina. Esta, mais velha e mais experimentada, fora retirada de um lupanar, em Pompéia. O oficial se apaixonou por ela durante uma folga do regimento na cidade junto ao Vesúvio. Tertiana viera da Pérsia e sua cabeça de pássaro, esguia e de olhar penetrante, hipnotizou Luciano, que quis saber de sua condição. Era escrava ou liberta? Ora, as cortesãs vivem condição ambígua no Império. Se, por um lado, estão lançadas à própria sorte, por outro são donas de seu destino, até onde é possível. Ela foi esperta e lhe respondeu que nem uma coisa nem outra.

– Sou Tertiana e vendo prazer a quem pode bem pagar – respondeu abusada. Luciano se divertiu com a pretensão da mulher e declarou que a desejava para uso exclusivo.

– E o que ganho com isso? – indagou a mulher.

– Estabilidade. Não precisará aguardar o próximo cliente. Não passará fome nunca e terá um canto só seu.

– Tudo isso apenas para satisfazê-lo?

– Isso mesmo. Veja como está com sorte.

– Mas, para tanto, abro mão do prazer de novos corpos... Jovens entregam seu amor inicial aos meus braços, sufocam-me com seus beijos ardentes... Ao fim da noite, muitas vezes estou exausta, mas saciada, e nenhum deles ficou ali me dando ordens. Você, pelo que posso sentir, me dará pouco amor e só na hora que lhe convier. Dormirei muitas vezes cheia de desejos e estarei sempre submetida à sua vontade – concluiu a mulher.

– É petulante, ordinária... Eu poderia simplesmente seqüestrá-la como minha escrava sob qualquer justificativa, mas estou lhe oferecendo a condição de minha amante oficial. Eu a sustentarei. Será uma honra para você servir-me no leito.

– É verdade que pode usurpar-me a liberdade e que minha condição é frágil, mas sou rebelde. Aceito sua oferta. Leve-me para Roma, mas recorde que, se me oprimir demais, fujo ou corto os pulsos, o que dá no mesmo.

E assim Luciano a havia trazido para Roma, instalando-a para seu uso pessoal.

• • •

Talvez Mirta admirasse Luciano, em razão de seu sucesso como soldado profissional. A forma segura como se colocava diante das questões do Estado. Mas Mirta também devia sentir falta do marido, que, como informamos, nunca chegava em casa antes do pôr-do-sol. O hálito forte do vinho ingerido em suas andanças aromatizava os momentos em que ele bufava sobre ela. A manhã seguinte o encontrava desmaiado, mas, ao acordar, apenas mergulhava no poço de banho e saía porta afora, buscando seus afazeres. Nada fazia mais falta no lar de Luciano do que a presença do dono da casa. A beleza de Mirta era extravagante e ela passava horas preparando cremes com substâncias importadas que, supostamente, deixariam sua pele ainda mais perfeita. Na verdade, durante a maior parte do dia ela se enfeitava, com jóias que lhe adornavam o colo e os pulsos, pingentes brilhantes nas orelhas e tecidos finos que recobriam seu corpo cheio. Após todas essas providências, ela saía, acompanhada de duas escravas e um liberto castrado, que Luciano trouxera da corte. Este era uma espécie de guarda pessoal da esposa do oficial. São comuns os assassinatos cometidos por escravos em momentos de pouco cuidado, principalmente contra mulheres sozinhas. A pequena caravana visitava joalheiros e adivinhas, com quem Mirta gastava a fortuna do marido. O tédio de uma vida sem outros objetivos que não ordenar pequenos trabalhos aos criados só era combatido com o consumo desenfreado. A cupidez nunca lhe havia chegado às raias da luxúria sensual até o dia em que Venâncio colocou os olhos sobre ela. Este conselheiro do Imperador, espécie de ditador das modas romanas de seu tempo, dizia o que caía bem e quais comportamentos estariam de acordo. Exercitava a função de alcoviteiro como ninguém, e só não perdera a cabeça na lâmina de alguma espada porque era protegido de César. Mirta o conheceu na casa de Júlia, filha do Imperador, que reunia as amigas durante as tardes mornas. A mulher de Luciano foi levada até a princesa por uma delas.

• • •

O fenômeno da fidelidade matrimonial não representa uma questão moral para os homens de Roma, pelo menos não para patrícios como Luciano. As mulheres fazem parte do patrimônio e não possuem mais valor do que o cavalo predileto. Mas a competição pode se estabelecer quando juízos de valor, como a propriedade de uma esposa, passam pela conquista de algum adversário mundano. Luciano, príncipe dos lupanares, roubara jovens amantes de homens do seu quilate, e eles nunca o perdoaram por isso. Um em especial, chamado Damásio, concorria com o marido de Mirta no certame das conquistas amorosas. E este era amigo pessoal de Venâncio. O conselheiro sabia dessas pendências e desprezava Luciano por sua aridez, masculina demais. Quando conheceu Mirta e soube de quem era esposa, achou que, se ela conhecesse as delícias do coito com Damásio, poderia também dar uma lição no insolente Luciano. A idéia lhe veio logo que se curvou, ligeiramente, para cumprimentar a bela mulher.

• • •

A maquinação para unir Mirta e Damásio, e ainda fazer com que Luciano descobrisse, era especialmente prazerosa para Venâncio. Ele se sentou em frente à sua janela, de onde vislumbrava boa parte da cidade dourada, e ficou refletindo. O palácio do Imperador seria o lugar ideal para o desfecho da trama. Quando as mulheres cruzavam os longos arcos da corte, dispunham-se a tudo, e tirar a roupa era a mais simples das ações. Ele a convidaria para uma pequena recepção à tarde, num dos salões íntimos. Após algumas taças de vinho e quando estivesse incentivada pela orgia que se iniciava, cairia sem hesitar nos braços de Damásio. Resolvida essa parte da operação, era necessário que o traído tomasse conhecimento, amargurando seu dia.

• • •

Ora, Damásio recebeu a proposta de Venâncio, no sentido de juntos seduzirem a esposa de Luciano, como revanche justa. Ele se cansara de observar as cortesãs em rebuliço com a chegada do oficial. O marido de Mirta representava um apelo irresistível para vários tipos de mulheres. A razão não era especialmente clara, e Damásio não estava interessado nela, mas em dar uma lição em seu concorrente amoroso. Sentados na sala de banhos do palácio, lugar privilegiado e acessível apenas a círculos próximos ao poder, Damásio ouviu Venâncio expor seu plano. Júlia receberia um grupo para jantar e Mirta seria convidada. A data escolhida deveria coincidir com uma das viagens de Luciano. Outros casais criariam o ambiente necessário ao iniciar a orgia. Venâncio estaria junto para incentivar a liberalidade.

• • •

Luciano não era benquisto pelos palacianos, aqueles que viviam em torno do Imperador, beneficiando-se do poder. A causa era a sua independência excessiva e o respeito que o César tinha por ele. Luciano desprezava as picuinhas e não participava das orgias no palácio, embora já tivesse freqüentado o leito de várias mulheres dos aristocratas. Outro desconforto que Luciano causava era por sua ausência de retórica. Tudo era dito por ele de maneira direta e prática, quando, em torno da corte, os discursos empolados tinham muito peso e eram admirados. Sua viagem à Síria, para tratar de assuntos administrativos das colônias, foi considerada auspiciosa pelos conspiradores eróticos. A demora seria de, no mínimo, dois meses, se o tempo permanecesse estável. Júlia foi acionada por Venâncio, e Damásio ficou encarregado de conseguir outros casais. O próprio conselheiro convidou Mirta dois dias antes do evento. Ela relutou, devido à ausência do marido, mas cedeu aos argumentos de que um convite da corte não deveria ser recusado. Venâncio sugeriu o traje que ela deveria usar, invocando que sua beleza deveria ser ressaltada com a transparência das sedas da China. Durante essas conversas, tornou-se íntimo da esposa de Luciano. Ele a cativava pelos detalhes, pois conhecia os meandros da futilidade palaciana, e isso era encantador para uma mulher do estamento de Mirta. Planejaram que ele chegaria com ela, apoiando sua primeira investida individual na corte.

• • •

Júlia reservou um dos salões mais discretos e bem localizados do palácio. Era possível ver sem ser visto. A paisagem estava aos pés dos convidados, que, das janelas, observavam com superioridade a plebe ignara. Por outro lado, a disposição do cômodo anulava ruídos e nada era ouvido além das paredes, tornando-se um local adequado para orgias escandalosas. Quando Mirta chegou com Venâncio, as longas mesas estavam dispostas com largas bandejas cobertas por iguarias variadas. O vinho era farto, tanto em odres oferecidos pelos escravos como em jarros sobre a mesa. Ouvia-se o som monótono de tambores de fundo. A luz dos archotes era pouca, conferindo ao ambiente uma densidade sensual. A princesa veio receber Mirta e Venâncio, e, como combinado, Júlia ofereceu a primeira taça de vinho à esposa de Luciano e ela não pôde recusar. Bebeu o fermentado de Creta, famoso por seu poder embriagante. Sentaram atrás da mesa principal, enquanto os bailarinos seminus rodavam velozes no ritmo das batidas sobre o coro de cabrito dos tambores. Os corpos morenos dos artistas brilhavam pelo uso de óleo e apenas suas genitálias eram reservadas dos olhares dos convidados. Ria-se de qualquer coisa e Mirta era incentivada, ora por Júlia, ora por Venâncio, a consumir vinho. Depois da terceira taça, passou a evitar as ofertas, mas então já estava um pouco tonta. Perto da meia-noite, chegou Damásio, cercado por dois casais. Os homens pareciam soldados e as mulheres eram, claramente, prostitutas, com suas perucas coloridas. Venâncio apresentou Mirta ao oficial.

– Esta mulher quer conhecer um homem que não chegue apenas depois do pôr-do-sol – disse o conselheiro, referindo-se a Luciano. – Nos bordéis, todos comentam os hábitos pouco saudáveis de seu marido, querida Mirta. Não estou revelando nenhum segredo.

A agressividade da investida foi tamanha que todos os que estavam próximos se sentiram constrangidos, mas o alcoviteiro não se intimidou.

– Mirta está cansada de ser a terceira ou a quarta da noite... – disse ele, o que não era verdade. A esposa de Luciano não conseguia entender por que um homem tão importante como ele dizia aquelas coisas.

– Sente-se aqui, querida, entre dois homens que lhe darão a devida atenção.

Ela foi quase forçada a se acomodar entre Venâncio e Damásio. Este último encostou a perna desnuda na sua e o calor do vinho subiu ainda mais na cabeça da mulher. Júlia propôs um brinde à deusa Vênus. "Salve o amor", gritou a princesa, com a voz embargada pela bebida. Todos verteram libações em nome da deusa. Mirta sentiu a mão de Damásio agarrando sua cintura e tentou desvencilhar-se, mas ele era forte. Cessou de resistir quando seus dedos pareciam garras sobre sua coxa.

"Ao amor, no vinho a verdade", brindou Damásio, feliz em ter sob seu jugo a mulher do infame Luciano. Ao encher novamente a taça de Mirta, o oficial derramou vinho sobre seu vestido de seda, provocando um gemido de exclamação da mulher. Ele aproveitou o incidente e a beijou na boca, quase à força. Mirta se sentia fraca para resistir às investidas, mas não lhe agradava o homem que a assediava – se fosse se entregar a alguém que não seu marido, não seria a Damásio que o faria. Desfez o abraço que a mantinha presa beliscando o agressor e, num movimento rápido, levantou-se e saiu do salão. Ninguém a deteve e só ouviu risadas distantes depois que tomou um dos corredores. Caminhou depressa, mas logo ouviu outros passos repercutindo no silêncio. Ao se voltar, viu Damásio quase correndo em sua direção. Arrependeu-se imediatamente de ter saído do salão.

• • •

O ataque a uma mulher não era nenhum fato especial na corte romana. Os estupros eram freqüentes entre todas as classes. Damásio estava embriagado e despeitado. Não deixaria sua presa escapar. Conseguiu agarrar as vestes dela, que se romperam na tentativa desesperada de fuga. Mirta estava quase nua quando Damásio abriu a porta de uma alcova e a jogou para dentro. Sua fúria aumentava mais com a resistência da mulher. Agarrando o pescoço da esposa de Luciano com uma das mãos e separando as pernas de Mirta com as suas, Damásio estava pronto para penetrá-la, mas ela arrancou da bainha do oficial seu próprio punhal. A pouca força do golpe que vibrou contra o ombro de Damásio fez verter sangue, mas apenas aumentou a raiva do agressor. Este a desarmou num golpe e, no contra-ataque, cortou a garganta de Mirta com rapidez. Agiu como um soldado em combate, sem medir as conseqüências. Instantes após, deu-se conta de que acabara de assassinar a esposa de um patrono romano e oficial da Legião. O corpo, a arma, tudo o incriminaria. Apanhou a faca e saiu para o corredor. Um escravo infeliz passava por ali, rumo ao salão, equilibrando uma travessa de frutas. Damásio ordenou que o jovem entrasse no quarto e atacando-o pelas costas, o matou. Voltou para a festa com a história planejada: flagrara o escravo atacando Mirta e a levando para a alcova. Acudira em socorro, mas ela já perecera nas mãos do infame. Então, descontrolado, matara o assassino.

• • •

Um único detalhe complicava sua história: a arma que o escravo supostamente utilizara para atacar a esposa de Luciano. Quando este voltou de viagem, encontrou a esposa enterrada e a estranha narrativa de um crime dentro do palácio. A morte de amos por seus escravos é crime bastante comum, mas tal ato acontece geralmente em viagens ou locais desertos, visando à fuga ou ao roubo. Essa hipótese estava afastada. O que acontecera com sua esposa? A pergunta atormentava a mente de Luciano. O que ela fazia na festa de Júlia? Por que Damásio estava lá? Aonde ele estava indo quando viu o ataque a Mirta? O próprio Luciano começou a juntar as peças do jogo e, a cada dia, lhe parecia mais claro que sua esposa, mãe de seus filhos, fora vítima de Damásio. Faltava apenas a prova.

• • •

Talvez o tempo enterrasse a questão para sempre, se Luciano não recebesse uma informação completamente nova. Seu amigo Carlo, chefe da guarda do palácio e administrador dos escravos, revelou que Puim, o suposto agressor, era castrado. Além de gentil e efeminado, era conhecido por satisfazer homens bêbados nos finais de festa. O horror da verdade moldou uma máscara de vingança no rosto de Luciano. Sabemos como a denúncia desse tipo de crime é uma questão complicada no Império. Quando os oponentes são homens tão valiosos como aqueles de quem tratamos, a tarefa se torna ainda mais sensível. Mas Luciano não estava disposto a esquecer o ocorrido e levou o caso para o Senado. Ali, tanto um como outro tinham seus aliados. Venâncio era muito influente junto aos nobres senadores. Ele estava ao lado de Damásio, até porque parte da culpa sobre o ocorrido era de sua responsabilidade. Luciano era admirado pelo próprio César e a Câmara sabia disso. Cresceu o impasse. A retórica viveu grandes momentos, com discursos inflamados defendendo ambas as posições. Quando Luciano sentiu que o caso se inclinava para a paralisação, retirou-se. Todos imaginaram que ele havia desistido da denúncia.

• • •

O oficial irrompeu nos aposentos de Júlia, afastando com o braço o soldado que o intimara a voltar. Sua superioridade hierárquica permitia o arroubo. Júlia estava entre suas criadas e mantinha os ombros nus enquanto uma delas os massageava. Ela sentiu a presença de Luciano atrás de si. Voltou-se. O homem também a excitava e ela não fazia questão de esconder. Sorriu e, num gesto mínimo, expulsou as auxiliares da sala. A sós com o legionário, ofereceu vinho e assento em frente. Os seios palpitavam e o oficial não ficou indiferente à oferta implícita.

– Sou seu criado para prazer e defesa, princesa, mas agora preciso de sua sinceridade, mesmo que haja alguma falta grave que eu desconheça. O que minha mulher fazia em sua festa? O que ocorreu pouco antes de sua morte?

Júlia baixou a cabeça. Estava acostumada a dizer e fazer o que quisesse, mas reconheceu na voz de Luciano a gravidade do momento.

– Damásio e Venâncio a trouxeram para testar sua fidelidade. Parecia-lhes que um esposo de tantas mulheres encorajaria a mulher a fugir para os braços de outro. Mas, no meio da festa, ela saiu. Simplesmente.

– E logo Damásio a seguiu?

– Ele conta que...

– Sei o que ele conta – interropeu o homem. – Pergunto de novo. Logo depois ele também saiu?

– Sim.

Luciano beijou as mãos de Júlia, oferecendo-se para qualquer tarefa, e se foi.

• • •

Ora, o punhal que derramara o sangue de Mirta era a arma de Damásio. O suposto escravo estuprador era efeminado e castrado. Isso bastava para Luciano. Ele voltou no dia seguinte ao Senado e apresentou as evidências. Mas por que afinal Damásio cometeria tal delito? Como ordenar a prisão e a execução de um homem que era um guerreiro de Roma, um valioso soldado que ajudava a manter a ordem das colônias do Império que se estendia do Oriente ao Ocidente? Só César poderia tomar uma decisão. Luciano foi ao imperador Augusto. Sua conversa foi sigilosa e só os movimentos seguintes do oficial nos permitem tentar supor o que falaram. Na madrugada seguinte, Damásio foi desafiado por Luciano a confessar seu crime. Negou-o e o oficial o atacou com a espada. Ambos sofreram golpes sérios. Luciano morreu primeiro, mas, algumas horas depois, Damásio também sucumbiria aos ferimentos. Podemos deduzir que o Imperador sugeriu que o marido de Mirta buscasse justiça pela espada. A lição que podemos extrair desse caso real é que a fidelidade pode causar a morte dos que são fiéis ou daqueles que querem alterá-la à força.

• • •

Falar da fidelidade amorosa em nosso Império não é apenas tratar de temas ligados ao matrimônio. Relembrarei uma história cujo argumento é a fidelidade entre um amo e sua escrava, e também dela por ele. Sabemos como nossa sociedade é servida por aqueles que perderam sua liberdade diante do gládio colonial de Roma. A volta de cada expedição nos oferece milhares desses seres cuja vontade está dobrada diante da nossa. Quem de nós não possui alguns cativos para os serviços domésticos ou profissionais? Quem de nós não se afeiçoou por algum deles? Descrevo agora o que ocorreu a Gino, senhor da casa Andretti, senador e comerciante poderoso, que ousou apaixonar-se por uma escrava. Cabe informar que Gino enamorou-se de Chila quando esta lhe foi dada de presente pelo general Tarso, ao retornar de um dos sítios a Cartago contra Aníbal, o dos elefantes. Era uma menina de uns 12 ou 13 anos, de beleza imaculada e mudez assustada, ainda mais tímida por ignorar o latim e o grego. Pode-se dizer que estava inteiramente só, entregue ao inimigo e sem falar a língua deste. Ora, o general deu a bela menina a Gino para que servisse a mesa ou alimentasse os porcos, mas o senador se apegou a ela. Ordenou que outra escrava lhe limpasse com óleo as chagas provocadas pelas amarras, que a prenderam ao carroção por meses a fio. Deu-lhe trajes decentes e se encarregou pessoalmente de ensinar à menina alguns rudimentos de latim, para que pudessem se comunicar. É provável que a tenha estuprado em uma dessas aulas. Deu a ela o nome de Chila, homenagem à sua égua preferida, que morrera de mal desconhecido anos antes. Chila habitava o quarto de Gino e fazia alguns mínimos trabalhos domésticos. O chefe dos escravos da casa quis jogar a menina no trabalho pesado e acabou punido com cem vergastadas, por mexer com a preferida do patrão. Desde a esposa de Gino até o mais reles escravo, todos sabiam que a pequena se tornara concubina deste. Os anos se passaram e Chila se tornava mais bela e menos comunicativa. Só Gino trocava algumas palavras com ela e, quando o fazia, não era na frente de outras pessoas.

• • •

Ao receber o presente de Tarso, Gino era homem de seus 40 anos. Contava com dois filhos adultos e vivia o esplendor de sua carreira política e econômica. Era rico e influente. Seus interesses se distribuíam por todo o Império e ele era convidado para os banquetes do palácio. O curioso é que não possuía concubinas ou freqüentava prostíbulos. Chila veio a se constituir exceção na vida desse estóico. Sua esposa, Triane, desacostumada em ver o marido afeito a tais prazeres, quis protestar, mas ele a silenciou sem explicações. A presença da bela moça, vivendo como segunda esposa, mas sem as obrigações administrativas da primeira, é uma exceção condenável em nossa sociedade. Gino só conseguiu mantê-la amparado em seu grande poder. Tudo talvez se resumisse à excentricidade de um patrono romano se Chila não tivesse engravidado. Este fato em si não se constituía em problema, bastando que a criança fosse expurgada da casa, como indesejável. Mas Gino ergueu o menino com suas mãos. Elevou-o ao alto, acima de sua cabeça, dando o sinal inequívoco de que assumia o filho da escrava como seu. O constrangimento em toda casa e entre os conhecidos foi grande, principalmente porque Chila não era uma liberta, permanecia na condição de escrava, mas ninguém ousou contestar a decisão do grande Gino.

• • •

Amar uma escrava é um pecado que se paga cedo ou tarde. O servo é para ser utilizado; ele existe para servir. Oferecer-lhe qualquer outra condição implica, antes de mais nada, libertá-lo. Gino ignorou a regra e fez de Chila uma segunda esposa. Ordenou às outras escravas que a auxiliassem na criação de Adamo, tal era o nome do filho. Assim ia até que foi admitido entre os novos escravos um cartaginês. Ele recitava alguma canção de sua terra quando Chila o ouviu e ambos conversaram. Havia uma língua que os ligava, um passado de pessoas livres, deuses em comum. Para a amada de Gino, foi como abrir uma porta que se comunicava com seu passado. O novo escravo era conhecido apenas por Toz. Era forte, moreno e conhecera o pai de Chila, vítima infeliz dos invasores do Império. Ora, não demorou para que os conterrâneos se tornassem íntimos e amantes, mas isso não se constituiria um risco maior se a intimidade entre os servos não fosse tão comentada entre os próprios escravos.

• • •

A paixão de Gino por Chila era a de um homem maduro por uma mulher muito mais jovem. O agravante é que ele não estava acostumado a lidar com mulheres apenas por prazer. Tornou-se, pouco a pouco, dependente dela. Retornava para casa e se trancava com a amante até o dia seguinte. Ela o cativava, mas era já mulher de dois homens. Toz dispunha da escrava sempre que o dono da casa estava fora. Nem todos sabiam, mas os servos logo notaram, e isso chegou, por uma liberta de confiança, aos ouvidos de Triane, a esposa oficial. Era a oportunidade de ouro para se livrar da inconveniente concubina do marido. Gino não quis crer em Triane. Havia muitas possibilidades de ser uma injúria contra sua jovem concubina. À noite, ele ensinou a Chila o significado da palavra *fidelitate*. Ela pareceu compreender. Amaram-se até a madrugada. Enquanto ela dormia e os primeiros raios da aurora surgiam na colina do templo de Júpiter, Gino meditava. Não era tolo. Não era um dos homens mais poderosos do Império à toa. Ergueu-se silenciosamente e foi até o salão principal. Sobre uma pele de urso, dormia Angio, seu homem de confiança. Apenas tocou suas costas com a ponta do pé e o frígio ergueu-se com o punhal fora da aljava.

– Preciso de seu serviço. Há entre os servos um cartaginês chamado Toz. Suma com ele.

– É um escravo que custou caro. Não basta um castigo para que se comporte?

– Não discuta minha ordem. Liquide-o. Desapareça com o corpo.

– Sairei com ele para um trabalho e não retornará. Registrarei seu desaparecimento como fuga.

– Que não passe de hoje.

Ao voltar para o quarto, sentou-se ao lado da cama e ficou olhando a menina dormir, nua e bela.

• • •

Um escravo é propriedade e ser humano num único corpo. Embora tenha sentimentos bons ou maus, sua vida pertence ao amo. Gino tinha todo o direito de dispor da existência de Toz. Antes do meio-dia, Angio degolou o infeliz na beira de um rio. Estripou-o, para que o corpo afundasse completamente. Após a saída de Gino, no início da tarde, Chila procurou seu amante. Era tratada pelos subalternos com a deferência de preferida do amo. Quis saber onde estava Toz. Alguém informou que o vira sair com Angio. A jovem começou a adivinhar a tragédia sucedida. Angio era um executor, aquele que fazia as vezes do carrasco, quando necessário. Ela pressentiu que a única pessoa com quem podia falar utilizando referências de seu passado estava morta. Havia sido sacrificada ao ousar se aproximar dela. Que pensamentos passaram pela cabeça dessa mulher de Cartago, escrava de um romano, mãe de um filho do agressor? Ela olhou para Adamo no berço e pensou em vingança, assim como a Medéia da tragédia. Bastava cortar a garganta do pequeno para que Gino encontrasse seu castigo na forma de uma interrupção ensangüentada. Mas Chila não era suficientemente cruel. Trancou-se no quarto e verteu lágrimas constantes durante muitas horas. A vingança não saía de sua cabeça. Pensou em envenenar o amo. Pouco lhe importava que Angio lhe desse o mesmo fim de Toz. Amado Toz. Caiu a noite e ela adormeceu, cansada de tanto sofrer. Quando Gino voltou, já tarde, de libações com os senadores, ela ainda dormia profundamente. Ele não quis acordá-la.

• • •

Ora, Gino atuou como um patrono romano. Sabemos como são freqüentes os crimes de escravos contra amos. Muitas vezes sem motivos aparentes, isto porque o servo tem direito à busca da liberdade, mesmo que, para isso, precise matar aquele a quem deveria obedecer. Ao ensinar a Chila o significado da palavra *fidelitate*, Gino quis dizer à moça que ela lhe devia essa obrigação como sua escrava, sua amante e mãe de seu filho. Ela lhe devia ser três vezes fiel. Ao amanhecer do dia seguinte, ela estava dividida entre o dever de fidelidade e o vasto desejo de vingança. Gino notou que a amante estava ciente de seu ato contra Toz, embora não o tenha revelado em palavras. Ele a viu mordendo o lábio para impedir seu beijo e, durante o coito, seu corpo estava rígido como o de um cadáver. O belo sorriso e a suavidade de linhas do rosto desapareceram, e uma máscara de dor e ódio os substituiu. A percepção de tudo isso o levou a falar com ela.

– Esquece a sua mágoa em nome da fidelidade que me deve. É minha e isso é o melhor que lhe poderia acontecer. É o seu destino. Os deuses a reservaram para mim, assim como eu para você. Compreende?

Ela permaneceu calada e cabisbaixa. Ele agarrou seu queixo e a fez encará-lo.

– Compreende?

Chila pronunciou algumas palavras em sua língua incompreensível para o romano. Mas ele percebeu o quanto ela o odiava naquele instante.

• • •

Alguns meses e logo um, dois, três anos se passaram, deixando para trás o episódio do infeliz Toz. Adamo era um menino sadio, que foi criado com seus irmãos legítimos. A história se resumiria ao ocorrido se não acontecesse um desses muitos levantes desorganizados, de escravos descontentes com suas condições de trabalho. Entre eles, a notícia de uma rebelião costuma espalhar-se rapidamente. Os patrícios mais cruéis são atacados de surpresa e assassinados, suas residências são saqueadas e os responsáveis fogem de Roma. Ora, as lideranças do levante sabiam da condição de Chila, sobre ela possuir amplo trânsito na casa de Gino. Era o instrumento perfeito para atacar um dos mais veneráveis homens de Roma, senhor de quase duzentos servos, trabalhadores dos mais diversos afazeres. Eles usaram uma jovem cartaginesa para o contato. Ela estava informada de Toz e usou isso para convencer Chila.

– É hora de se vingar deste maldito usurpador da liberdade – argumentou Lionila.

– E meu filho?

– Leve-o. Vamos atacar de madrugada. Quando o dia nascer, estaremos longe de Roma.

– Eles mandarão soldados e seremos mortos – argumentou Chila.

– Travaremos combate. Se morrermos, será como pessoas livres.

– Não ligo por mim, mas tenho medo da sorte que aguarda Adamo.

– Não seja tola, Chila. Quando Gino morrer, Adamo será o primeiro sacrificado pela espada dos herdeiros.

– Ele me prometeu que meu filho será tão beneficiado quanto os outros.

– Mortos não ajudam a cumprir promessas. A mulher dele lançará seus asseclas contra você e seu filho.

– Não há saída, então?

– A saída é a fuga rápida e a dispersão. Muitos grupos em várias direções. Os que tiverem sorte e velocidade conseguirão chegar a Cartago.

– E como devo agir?

– Daqui a duas noites, abrirá a porta principal para que os nossos entrem. Deixe o resto com eles.

Chila apenas suspirou dolorosamente. Acostumara-se à boa vida.

• • •

À noite, quando Gino despiu-se e deitou a seu lado, Chila resolveu interrogá-lo.

– Tenho medo por nosso filho se você morrer, de repente...

– O que teme?

– Sua mulher vai querer que Adamo saia do caminho. Pode matar o intruso.

Gino acendeu o facho do archote e encarou a amante.

– Que horror... Quem colocou essa idéia em sua cabeça?

– É verdade que isso pode ocorrer? – ela insistiu.

– É brutal, mas não descabido. Mas responde: Quem pôs isso em sua cabeça?

– Não importa. Em nome de sua fidelidade: O que pode fazer?

– Não sei. Fui pego de surpresa. Deixe-me pensar.

– Pense agora.

– Por que a pressa?

– Caso contrário, tiro eu a vida de meu filho já, para que não pereça na mão de estranhos.

– Está louca? Alguém está enchendo sua cabeça.

Gino agarrou a cabeleira negra de Chila com sua mão direita e levou a cabeça da amante para próximo de si.

– Quem está lhe falando pelas minhas costas? É um novo amante? Alguém que trama contra meu lar? Fale!

A força com que ele a retinha junto de si a fez chorar. As lágrimas vertiam mudas, até que ele a soltou.

– Podemos pensar numa forma de proteger Adamo. Talvez eu possa passá-la à condição de liberta, então eu a colocaria em outra propriedade... Seria bem mais difícil haver um ataque contra você e ele... No caso de minha morte... mas, isso é muito novo para mim...

– Fui tomada de meu povo, e você semeou um filho em mim, meu amante foi assassinado... Mas me falou na fidelidade que eu lhe devia... Fidelidade para quê, Gino? Há de ser para alguma coisa. Salve meu filho e salvarei sua vida. Seja fiel para comigo e serei consigo.

– De que está falando, Chila?

E ela contou a ele sobre o levante. Dois dias depois, ao tentarem invadir a casa de Gino, os revoltosos encontraram os legionários. Foram crucificados nos arredores de Roma.

• • •

A fidelidade e sua oposição, a infidelidade, também atingem a esfera divina, mas os homens só se sentem traídos quando os parceiros do ato são humanos. Uma história acontecida com a jovem Lorina, esposa de Fábio, maior proprietário de curtumes de Roma, ilustra os enganos da deificação irrefletida. Tratava-se de uma belíssima mulher, desejada por quantos se interessassem pelos prazeres carnais. Naturalmente, sempre vivia o assédio de admiradores que lhe rendiam culto, aguardando um momento de generosidade da linda senhora. Lorina cultuava as deusas Ísis e Serápis. O culto a Baco, na época, estava proibido, desde os eventos bárbaros praticados em seu nome, mas aos demais deuses era permitida a adoração de seus seguidores. O dia da grande procissão a Ísis chegou e Lorina acompanhou o grupo até o templo.

Seguiram-se as libações e as danças de sempre e, ao final, quando todos retornavam a suas casas, Anzio, sacerdote da deusa, interpelou a esposa de Fábio.

– Cara Lorina, é minha obrigação avisar sobre uma mensagem de Ísis que diz respeito à sua pessoa.

– A mim? A deusa se refere a mim?

– Muito claramente, senhora, ela informa que sua vida corre grande perigo, mas um ato de adoração de sua parte poderá reverter em sorte o mau presságio.

– Ela quer a minha adoração? Mas acabei de cultuar sua força, trouxe flores e cantei junto a seu templo...

– Mas ela deseja mais.

– E informou o quê?

– Sim.

– Então, faça-me o favor de dizer.

– Ela deseja que se entregue ao deus Anúbis durante uma noite inteira.

– Entregar-me?

– Sim. A divindade Anúbis está encantada com sua beleza e a deseja ardentemente. Caso contrário, a desgraça recairá sobre você e sua família.

– Mas, sou casada, sacerdote...

– E ele é um deus. Está acima dos pactos humanos. Meu conselho é que deve fazer a vontade de Anúbis, para não arcar com as conseqüências.

– E como se daria isso?

– Aqui no templo, ele virá à meia-noite para encontrá-la.

– Eu nunca estive com um deus.... Aliás, só estive com meu marido... Saberei agir?

– Ele saberá. Sua inteligência está além de nossa compreensão.

– Será uma honra entregar-me a um deus. Mas há um problema. Meu marido não vai querer que eu saia de casa à meia-noite...

– Este obstáculo você é que deve transpor. Ele a aguarda amanhã. Na noite profunda.

Lorina voltou para casa com o dilema exposto. Na mesma noite, com Fábio, e no dia seguinte pela manhã, esteve a ponto de tocar no assunto, mas lhe faltava coragem. Temia indispor-se com o marido, que lhe oferecia o conforto dos patrícios romanos. Mas, ao mesmo tempo, encantava-a a idéia de ser possuída por um deus. Seu marido tinha ciúmes de sua beleza e já demonstrara isso inúmeras vezes. A luta interna da bela mulher se resolveu pouco antes de se sentarem à mesa. Ela decidiu revelar a Fábio a proposta divina que recebera.

– Ora, Lorina, por que o tal deus não procura outra deusa? Devem estar mais acostumadas a lidar com isso. Por que escolheu logo você?

– O sacerdote não explicou o porquê. Mas deixou claro que podem advir maus presságios de uma negativa.

Fábio era um homem de origem rude, que se fizera no trabalho pesado do curtume. O trato com deuses lhe parecia por demais abstrato, até que um deles resolveu escolher logo a sua bela mulher.

– Mas e se cedermos? O que ganharemos? Apenas deixaremos de ser castigados? Isso soa mal, não?

– Ora, Fábio. Quem somos nós para colocar as razões de um deus em dúvida?

– Sou Fábio, o maior curtumeiro de Roma. É isso que sou. Fale ao sacerdote que, se o tal deus deseja você, deve ajudar o marido de sua desejada. Estou para fechar um grande negócio com o palácio na próxima semana. Mas preciso que o senador Licínio, que me detesta, assine o documento. O deus pode ajudar e então não farei objeção.

– Posso ir a seu encontro à meia-noite? – perguntou Lorina concluindo a conversa, sem se importar com a exigência do marido.

– Leve uma liberta de confiança para acompanhá-la. E quero saber dos detalhes depois.

Lorina sorriu e beijou as bochechas engorduradas de pernil de carneiro de seu marido.

• • •

A Lua brilhava alta e se ouviam apenas os uivos dos cães quando Lorina chegou ao templo com a liberta Liz, de sua confiança. À sua companhia, a esposa de Fábio confessou toda a expectativa que lhe inundava o coração. Não conhecia nenhuma mulher que tivesse se deitado com um deus. "Aliás, será que os deuses fazem amor deitados?" A liberta não pôde ajudar na resposta, mas admitiu que não conhecia nenhuma mulher que tivesse vivido semelhante aventura. Anzio as aguardava sob as colunas dianteiras do templo.

– Quem está consigo?

– Liz é minha auxiliar em casa. Está aqui me fazendo companhia.

– Aguardará aqui fora. Eu também estarei aqui para qualquer emergência. Entre, dispa-se inteiramente e se deite sobre a laje, feche os olhos e aguarde. Anúbis cuidará do resto.

– Não posso abrir os olhos?

– Não. Deixe que ele aja.

– Meu marido só liberou minha vinda mediante um pedido que eu fizesse a Anúbis.

– Que tipo de pedido? – perguntou o sacerdote.

– O auxílio num negócio em que ele está envolvido.

– Não se faz barganha com deuses, mas vou ver depois se consigo alguma coisa. Sem garantias.

– Bem, estou aqui, não é? Vou entrar.

E a bela e perfumada Lorina entrou no templo. Despiu-se, apenas iluminada por dois archotes de luz difusa e deitada na pedra sobre seu próprio manto, fechou os olhos e aguardou.

• • •

Ora, ela ficou satisfeita com o contato divino, que lhe pareceu bastante semelhante às ocasiões em que se deitara com amantes. Embora costumasse dizer que só pertencera a seu marido, isso não era verdade. O negócio de Fábio se realizou apesar de sua desavença com o senador. Tudo estaria resumido a isso se os comentários maldosos nos banhos não trouxessem a verdade à tona. Capelo, admirador de Lorina, não resistiu e confidenciou a um amigo indiscreto que encarnara o deus Anúbis após subornar Anzio, o sacerdote. Este preparou a encenação na qual possuiu a bela esposa de Fábio, mediante algumas moedas de ouro. O caso passou a integrar as anedotas romanas. Quando alguém quer dizer que sua fidelidade é apenas relativa, não esquece de acrescentar que tal pureza não resiste ao assédio dos deuses.

• • •

Ora, Sêneca ensina que o homem não deve tratar a esposa como amante. A união carnal deve visar à reprodução, segundo o mestre. Mas sabemos que a carne tem seus imperativos, embora os estóicos se esforcem por minimizá-los. Casar é um dever do cidadão, todos nós concordamos, mas e o prazer? Diante dessas contradições, trago mais um caso, o último, que julgo ilustrar o uso, ou desuso, da fidelidade matrimonial em Roma.

Desta feita, o protagonista é Lisipo, homem de posses asseguradas pela prática dos empréstimos a juros altos. Ele residia em uma galera ancorada no porto de Óstia. Transformado com o auxílio de artesão, o barco se assemelhava a um palácio luxuoso. Lisipo vivia com a filha, Gladina. Sua esposa estava morta e, além dos dois, apenas marinheiros e escravos entravam na embarcação. Era um homem avaro e não oferecia festins nem cortesia alguma aos que se aproximavam dele. Tal comportamento afastava possíveis interessados na mão de Gladina, que aguardava um marido. Tudo se complicava porque a filha do usurário era feia. O rosto alongado, como o de um cavalo, e o queixo proeminente a tornavam um disparate da natureza. Embora fosse completar 20 anos ainda pura como nascera, a pobre Gladina ansiava por encontrar um par. Lisipo era um homem rico, sabia-se. O dote que oferecia ao homem que assumisse sua feiosa filha seria considerável. Muitos romanos de boa estampa aceitariam conviver com Gladina e até se esforçariam para a encomenda de um herdeiro se Lisipo não impusesse uma condição: o marido deveria ser fiel à sua filha. Ele não aceitava que o futuro genro mantivesse concubinas ou freqüentasse prostíbulos, e assegurava que se manteria informado a respeito. O mais grave é que Lisipo enriquecera no comércio ilegal e mantinha à disposição executores de confiança. Este era o quadro antes do surgimento de Eudoxio.

• • •

Os navios em torno da galera de Lisipo chegavam e saíam do porto de Óstia, desembarcando mercadorias do Oriente ou levando soldados para alcançar a África. As possibilidades de a pobre Gladina encontrar seu par eram pequenas. Roma ficava a dois dias de viagem e, na própria Óstia, a vida social era acanhada. Foi surpreendente que, numa bela manhã de outono, ao abrirem as cortinas de seus cômodos no barco, Lisipo e depois a filha deparassem com uma tenda colorida armada em frente ao porto. Eudoxio e seu servo, Amis, estavam acampados ali. Ele deveria estar na faixa dos 30 anos e o servo era mais jovem. Eudoxio não tardou a falar com Lisipo e explicou que aguardava a chegada de uma galera, que o levaria a Tessalônica, onde tinha interesses comerciais. Ao saber que o agiota vivia ali apenas com a filha, não perdeu tempo e os convidou para se juntarem a ele na ceia. Apesar das desconfianças iniciais, Lisipo aceitou o convite, na esperança de encontrar um novo cliente para o seu negócio de juros altos.

• • •

Após consumir o porco assado nas brasas da fogueira e a farta cesta de frutas, Eudoxio ainda encantou seus convidados ao arrancar da flauta suaves melodias. Gladina se encantou por ele e, na madrugada, chegou a pedir a Netuno que providenciasse o naufrágio da embarcação aguardada por seu amado Eudoxio. Os dias se passavam e ela acreditava que o deus a atendera, retardando indefinidamente a chegada da tal galera. Ficaram íntimos e, todas as tardes, sentavam no convés para falar, jogar ou cantar algumas das canções que o novo amigo conhecia. Lisipo encarava o encontro com desconfiança, mas não podia deixar de notar a felicidade da filha com a nova situação. A chegada do inverno tornou o acampamento de Eudoxio bastante precário e, certa tarde, ele comentou com Lisipo que necessitava de outro abrigo. Acrescentou que só aguardaria mais uma estação antes de desistir da espera pelo barco. O agiota o chamou para conversar no dia seguinte e ofereceu lugar na galera mediante um pagamento que nem era tão módico como ele o classificava. Eudoxio aceitou de imediato e antecipou o pagamento do aluguel por todo o período. Ele e seu servo passaram a ocupar um dos quartos no porão e se integraram à família. A intervenção de Gladina para que o pai oferecesse abrigo ao homem não era nenhum segredo, embora ninguém comentasse a respeito.

• • •

Durante um jantar, após um pouco de vinho, Eudoxio se declarou interessado em compartilhar sua existência com a filha de Lisipo. Este nem sequer se deu ao trabalho de perguntar a opinião dela. Sabia do encanto que a filha nutria pelo rapaz. Se não haviam falado em dote até aquela data, era claro que havia um e que era farto. O usurário consentiu na união e combinaram que o pagamento seria feito em três anos, em cotas regulares. Beberam mais vinho e riram muito, mas Lisipo informou que desejava ter uma conversa íntima com o noivo. Dormiram e, no dia seguinte,

Eudoxio se colocou à disposição para tirar qualquer dúvida. Sentaram no escritório do agiota, que ficava no castelo da popa. Nuvens pesadas cobriam o horizonte quando Lisipo explicou que a única exigência era a de que Eudoxio se mantivesse fiel à sua filha em todos os níveis e que tal recomendação se devia às poucas graças da moça. O pai achava que seria fácil algum aventureiro abocanhar o dote e passar a vida nos bordéis ou sustentando concubinas com seu dinheiro. Eudoxio concordou com o raciocínio de Lisipo.

– Aceito a condição com o maior prazer. O que Gladina apresenta como jóias do espírito supera amplamente suas fragilidades físicas – disse Eudoxio para o desconfiado Lisipo. – Não deitarei com outra mulher que não seja sua filha, venerável senhor.

E deram a reunião por encerrada, marcando uma pequena comemoração de bodas dentro de alguns dias.

• • •

Lisipo foi surpreendido dois dias depois de sua conversa com o noivo. Eudoxio lhe apresentou a lista de compras para a montagem da *libera cenae*, a ceia oferecida aos que comparecem à comemoração, hábito de homens ricos e extravagantes. O usurário mudou de cor, tal a aversão que lhe provocou a idéia. Ora, imagine dar comida ao povo apenas para comemorar o casamento da filha. Impensável. Eudoxio não se amofinou com a reação do sogro. Argumentou que era importante comprar o respeito e a admiração dos vizinhos. No futuro, eles pediriam mais emprestado, mesmo com os altos juros cobrados por Lisipo. Tal sugestão teve pouco efeito em se tratando da bolsa de um avaro como ele. O rapaz não se deu por vencido e jogou a última cartada. Sugeriu que o valor do banquete fosse dividido entre ambos, sendo sua parte descontada da primeira cota do dote. Lisipo rebateu que, se ele queria mesmo cometer tal extravagância, então a sustentasse integralmente. Ele contribuiria com o adiantamento, que seria descontado inteiramente. Eudoxio aceitou.

• • •

As duas semanas seguintes foram de intensa atividade para o noivo e seu fiel escravo, Amis. Encomendaram vinho de Falermo, em ânforas de vidro lacradas com gesso, ovos de pavão recheados com pimenta, testículos e rins temperados com antecedência, que seriam grelhados na frente do público, porcos engordados com frutas a serem trinchados vivos e assados ao ar livre, salmonetes conservados em azeite e centenas de galinhas cozidas em mel e gengibre. Gladina assistia a tudo encantada, enquanto Lisipo desconfiava a cada momento mais que seu futuro genro fazia a festa às suas custas e não possuía fortuna que o garantisse. Mas não havia mais o que fazer. Ele resolveu testar o noivo, chamando-o para uma conversa.

– Agora que fica aqui em minha casa, seus custos cairão bastante e poderá fazer uso de meus escravos. Minha sugestão é que vendamos Amis. Será algum dinheiro para ajudar nas despesas e você não tem mais necessidade dele – disse Lisipo. Sem obter resposta, sentia apenas o peso do olhar do outro sobre si. – E, então, não tem nada a me dizer?

– Senti uma dor no peito quando ouvi suas palavras, meu caro Lisipo. Lembrei de meu pai. Ele morreu há poucos anos e me deixou Amis. Recomendou que eu nunca me desfizesse dele. Seria uma forma de homenagear sua memória, falou. O pai de Amis era seu auxiliar, foram ambos capturados numa das expedições ao norte. Não, Lisipo, não posso desfazer-me de Amis. Antes, desejo libertar-lhe para que continue comigo como empregado – falou Eudoxio. Em seguida levantou-se e saiu enxugando as lágrimas.

• • •

A ceia pública foi um sucesso. Embora os vizinhos de Lisipo não lhe dedicassem especial deferência, foram convencidos por Eudoxio, que convidou pessoalmente as famílias. Havia a festa farta e não foi difícil convencer o povo daquela opção tão agradável. Músicos e dançarinos foram contratados e fizeram um espetáculo sobre um palco improvisado no porto. A festa começou ao cair da tarde, sob a luz de archotes. A fealdade de Gladina foi disfarçada por um leve traje de seda azul e trança de rosas e flores de papoula em volta dos ombros. Sua pele foi coberta por cremes oleosos que disfarçaram as imperfeições e o cabelo longo moldou um penteado alto, sustentado por gelatina de ovelha. Eudoxio, de branco e dourado, era a mais brilhante presença da festa. Encantador em alegria e gentilezas, ele equilibrava o clima de mau humor criado pelo avaro sogro, que olhava cada pedaço de porco engolido pelos convidados como seu dinheiro descendo pelo ralo. Houve dança e canções até a terra se iluminar novamente com a luz da aurora.

• • •

Os próximos meses foram de felicidade quase completa. Lisipo colocou um espião para seguir o genro sempre que este saía de casa. Estava certo de que o surpreenderia nos lupanares próximos, o que nunca aconteceu. Em contrapartida, o tempo não inchava o ventre de Gladina, como o pai desejava. Herdeiro e neto eram um mesmo nome que ele aguardava ansioso. Chamou a filha e a inquiriu. Onde estava a criança que resultava das uniões? Ela nada disse e ficou amuada com a pressão do pai. Ele a dispensou ainda desconfiado. Transcorreu o segundo ano e nenhuma infidelidade de Eudoxio foi registrada, mas o filho de ambos não vinha ao mundo. Lisipo chamou o casal em seu escritório do castelo da proa.

– Lua e Sol se revezam e nada acontece com Gladina. O que há, afinal? Alguém é doente? Eudoxio, gastei consigo um dos maiores dotes a que esta cidade já assistiu pagarem, e nada de filho? Como se explica isso ? – indagou Lisipo, contrariado.

– Talvez os deuses aguardem o momento certo de nos brindar com a fecundidade de Gladina...

– Deuses? Você e ela deveriam providenciar isso e deixar os deuses em paz.

– Não nos pressione, papai. Tudo a seu tempo... – retrucou Gladina.

– Estou velho, filha. Logo as parcas virão cortar-me o fio da vida e terei ido embora sem ver minha descendência procriar.

– Tenha um pouco de paciência, papai... – pediu Gladina.

– Sim, Lisipo, um pouco de paciência – repetiu o marido em coro.

• • •

No início do verão, Gladina, orgulhosa, exibia o ventre túmido. Tudo se desanuviou na galera. Os olhos de Lisipo brilharam. Enfim, embora o genro não produzisse uma única moeda de ouro, pelo menos não traía a esposa e semeara nela o esperado filho. Atravessaram os meses seguintes preparando o barco para a chegada da criança. A felicidade de todos estaria completa se fosse um menino. Ela estava enorme quando pariu no fim do inverno. A liberta que foi chamada para os trabalhos ergueu o recém-nascido e, entre as pernas, estava lá o apêndice que indicava o macho. Tudo em paz. Entregaram-se às libações de costume, mas, após lavarem o pequeno, sua pele denunciou uma epiderme de tonalidade azeitonada, como a de orientais. Todos haviam bebido. Até mesmo Lisipo, que não tinha o hábito, bebera. Ergueu-se e parou ao lado da liberta, que embalava a criança nos braços. Arrancou o neto do aconchego e olhou-o com cuidado. Em seguida, saiu do quarto com o menino. Gladina dormia, mas Eudoxio o seguiu. Juntos percorreram a galera enquanto o pai tentava saber o que Lisipo buscava, com o neto nos braços. Pararam em frente ao quarto de Eudoxio e o usurário empurrou a porta com o pé. Amis, o escravo do genro, dormia nu sobre uma pele de ovelha. Acordou com o ruído e voltou-se. Em seu rosto, Lisipo certificou-se de que ele era o pai da criança.

• • •

Os olhos amendoados, a cor e até o sorriso tornavam inegável a paternidade. Lisipo teve um tremor e emitiu algo entre gemido e urro, depois jogou a criança na direção de Amis, que apanhou o corpo do pequeno no ar. Ao se voltar, o velho esbarrou no marido da filha, que achou melhor calar-se e lhe dar passagem. Ele saiu bufando, agarrando-se nas traves da galé, mas acabou tombando ajoelhado. Eudoxio correu em vão para socorrê-lo. Em poucos minutos, Lisipo expirou, depois de se desvencilhar do braço do genro, que o amparava. Aos vizinhos, contaram que o velho usurário morrera no auge da felicidade, ao ver o neto recém-nascido. O truque de usar o amante de Eudoxio para satisfazer a vontade de Lisipo deu um novo ânimo à vida de Gladina. Parece que Amis continuou servindo marido e mulher, e a fidelidade e a felicidade uniram os três.

• • •

Ao fim, o que podemos dizer da fidelidade em Roma? Que ela é questão de peso e de medida e tem tanto a ver com o amor quanto com o ódio. É-se fiel por medo ou por interesse pecuniário, por opção ou à força. A fidelidade reside no corpo ou no coração, mas sua justeza depende de outras realidades que não possuem sujeição a ela. Espero que meu estudo os tenha ajudado, meus caros, e que o porvir nos faça mais fiéis àquilo que nos merece.

sobre fragmentos romanos

As seis histórias sobre infidelidade conjugal que acabamos de ler se passam no início da nossa era. Em Roma, viviam, como cidadãos livres, entre cinco e seis milhões de homens e mulheres. Eram centenas de territórios rurais (*civitas*), tendo como centro uma cidade (*urbs*). Havia dois milhões de escravos, domésticos ou trabalhadores agrícolas, que, até o século III, não tinham permissão para casar.

O casamento romano era um ato privado; não existia nada equivalente a um juiz ou a um padre. Não havia contrato de casamento; apenas um contrato de dote. Desde que ficasse determinado que os cônjuges estavam unidos em justas núpcias, os filhos eram considerados legítimos. Recebiam o nome do pai e continuavam a linhagem; com a morte do genitor, caso não tivessem sido deserdados, sucediam-no como donos do patrimônio.

Os pais romanos tinham a responsabilidade de encontrar o homem adequado para sua filha, apesar de mães, tias e irmãs também se envolverem nessa busca. A jovem não deveria tomar qualquer iniciativa; apenas aceitar a decisão dos pais. O dinheiro vinha em primeiro lugar, mas qualidades pessoais como boa aparência e caráter pesavam na hora da decisão. As mulheres precisavam ser virgens e, em troca, os homens teriam de ser educados, dignos de confiança e ativos, em especial os de classe alta.

Tradicionalmente, havia três formas de casamento. A primeira, a *confarreatio*, guardava alguma semelhança com um casamento atual na igreja católica, era cerimoniosa e muito difícil de ser dissolvida. A segunda, a *coemptio*, se assemelhava à atual cerimônia civil e era preferida pelos que não tinham muito dinheiro para gastar. Em ambos os casos, a noiva passava diretamente da posse do pai para a do marido, junto com seu dote. A partir de então, ela pertencia totalmente à família do marido e, se cometesse algum crime conjugal, era ao conselho da família dele que responderia.

A terceira forma de casamento, *usus*, só unia o casal legalmente após um ano de vida em comum. Era um casamento de experiência, aceito caso se tornasse permanente, mas desfeito se houvesse algum problema. Durante esse período, a esposa romana permanecia como membro da família paterna. Somente depois disso é que passava a pertencer, total e legalmente, à do marido.

As leis do casamento romano exigiam o consentimento do pai (e não o da mãe) e também o dos noivos. Desde que estivessem acima da idade oficial da puberdade – 12 anos para as meninas e 14 para os meninos. O amor conjugal era pura sorte, não a base do casamento nem condição do casal. "O casamento", diz Sêneca, "consiste em uma troca de obrigações, desiguais, talvez, mas diferentes, sendo a da mulher obedecer."

A cerimônia nupcial implicava a presença de testemunhas e havia o costume de o casal ganhar presentes. A família da noiva oferecia um banquete e depois realizava-se uma encenação bastante curiosa. A noiva fingia estar agarrada à saia da mãe, enquanto amigos do noivo a empurravam entre lágrimas, músicas e piadas obscenas. Este ritual, que lembra um estupro, ainda hoje é praticado em algumas culturas, em especial pelos ciganos. Era comum, na primeira noite, o recém-casado se abster de deflorar a mulher, em consideração à sua timidez; nesse caso, porém, como compensação, ele praticava sexo anal com ela.

Como em toda parte no mundo antigo, esposas e filhos constituíam bens dos homens da família, que deviam ditar as regras de suas casas. Porém, havia uma diferença. Quando as histórias aqui narradas acontecem, um ideal mais igualitário dentro do casamento se desenvolve; a parceria do homem e da mulher é enfatizada. As esposas romanas eram "guardiãs das chaves do lar". A única exceção eram as chaves da adega, que permaneciam em poder dos maridos, já que as esposas eram proibidas de beber vinho. Havia um antigo receio de que uma esposa embriagada não conseguisse manter-se pura. Se a proibição fosse relaxada e a mulher bebesse mais do que um mínimo de vinho, isto era encarado como uma indicação de lassidão moral e sexual, podendo o marido divorciar-se dela por tal motivo.

Em Roma, ter filhos e administrar a casa eram atividades consideradas apenas parte das obrigações da mulher. Esperava-se que ela desempenhasse um papel ativo nos negócios mais amplos da família. Quando o artista Sabino, que pintava crocodilos e hipopótamos no muro da residência de Zelica e Fabrício, foi enforcado, a esposa recuperou o poder original. O marido apreciava a capacidade administrava da esposa.

Sem dúvida, as romanas tinham uma vida menos confinada do que suas contemporâneas de outros países. Apesar de as mulheres das classes superiores estarem em posição de desfrutar de uma liberdade rara no mundo antigo, não aproveitavam isso. Na realidade, não lhes era permitido fazer algo de construtivo. Assim, elas se contentavam em gastar dinheiro, embelezando-se. Sêneca criticou algumas contemporâneas suas por se haverem tornado mestras na arte de nada fazerem.

No caso de Mirta, mulher de Luciano, isso fica muito claro: "A beleza de Mirta era extravagante e ela passava horas preparando cremes com substâncias importadas que supostamente, deixariam sua pele ainda mais perfeita. Na verdade, durante a maior parte do dia ela se enfeitava, com jóias que lhe adornavam o colo e os pulsos, pingentes brilhantes nas orelhas e tecidos finos que recobriam seu corpo cheio. (...) O tédio de uma vida sem outros objetivos que não ordenar pequenos trabalhos aos criados só era combatido com o consumo desenfreado."

As romanas de classe social alta se preocupavam em estar na moda. O feitio dos trajes femininos permanecia quase o mesmo; eram os tecidos e enfeites que indicavam a moda. Colares, broches, anéis, pesados braceletes de ouro, algodões da Índia, diademas, brincos incrustados com pedras preciosas da longínqua Ásia e com avaliação mais alta do que uma propriedade de terras, vestidos feitos com a melhor seda da China.

Laércia, mulher de Rômulo e amante do poeta Diogo, também se enquadra na crítica de Sêneca: era especialista em nada fazer. "Observava o trabalho dos escravos, maquiava-se e penteava longamente os cabelos enquanto o Sol se erguia e se punha como sempre. Havia as amigas, outras semelhantes a ela, que, na segunda parte do dia, se encontravam no mercado para comprar peixe e divagar."

Nos tempos romanos, como hoje, um grande número de mulheres – talvez a maioria – trocava voluntariamente sua liberdade pelos confortos da dependência emocional e intelectual. A proteção do casulo familiar, por mais rude que fosse, para muitas era preferível à liberdade. Um bom exemplo disso é a reação de Chila, que havia se comprometido a ajudar a rebelião dos escravos.

Quando a jovem cartaginesa combinou que dois dias depois Chila abriria a porta principal para que os revoltosos entrassem, ela suspirou dolorosamente. Acostumara-se à boa vida. "E ela contou a ele sobre o levante. Dois dias depois, ao tentarem invadir a casa de Gino, os revoltosos encontraram os legionários. Foram crucificados nos arredores de Roma." Diziam que, enquanto os homens de sua família permanecessem vivos, mulher alguma procuraria escapar à própria dependência. Elas rezavam para ser poupadas da independência conquistada pela morte dos pais ou pela viuvez.

A procriação era quase sempre o motivo principal para que um homem se casasse. Os casais assumiam a dupla responsabilidade de perpetuar o nome da família do marido e gerar filhos homens para Roma, que dependia de soldados para se manter. Os romanos se preocupavam com os riscos de um índice de natalidade baixo, e acabaram se tornando obcecados pelo tema a partir do século II a.C.

A absorção de chumbo era um dos motivos da infertilidade, e ele vinha na água que corria pelos canos desse material, de xícaras e panelas, de cosméticos como o pó branco que as mulheres usavam no rosto. Para melhorar o vinho, costumava-se acrescentar a ele um xarope doce de uvas, fervido em panelas forradas de chumbo, até que adquirisse a consistência adequada, contaminando o xarope com esse metal.

Além dos prejuízos causados por essa absorção, os romanos ingeriam muito álcool. Se eles escapavam da esterilidade pelo envenenamento de chumbo, era bem possível que sua fertilidade ou potência estivessem em risco de diminuição devido ao excesso de bebida.

Romanos ilustres clamavam "menos luxúria e mais famílias". O Imperador Augusto (27 a.C a 14 d.C) decretou que homens entre 25 e 60 anos e mulheres entre 25 e 50 fossem obrigados a se casar. As viúvas deveriam tornar a se casar dentro de dois anos e as divorciadas, em 18 meses. Homens não-casados eram impedidos de receber herança e os casais sem filhos, numa faixa etária produtiva, só tinham permissão para receber metade do que lhes fosse legado. Os costumes que controlavam o casamento entre classes foram relaxados, sendo permitido aos nascidos libertos (exceto os de família de senadores) o casamento com escravas libertas. Havia uma recompensa para casais com três filhos vivos. Os homens livres eram encorajados a se multiplicar.

Gino apaixonou-se pela escrava Chila e a transformou em sua concubina. "Tudo talvez se resumisse à excentricidade de um patrono romano se Chila não tivesse engravidado. Este fato em si não se constituía em problema, bastando que a criança fosse expurgada da casa, como indesejável. Mas Gino ergueu o menino com suas mãos. Elevou-o ao alto, acima de sua cabeça, dando o sinal inequívoco de que assumia o filho da escrava como seu." O chefe de família decidia se um recém-nascido seria recebido pela sociedade. Em Roma, um cidadão não "tinha" um filho; ele o "tomava", "levantava". O pai, tão logo nascia a criança, podia ou não levantá-la do chão, onde a parteira a depositava, para tomá-la nos braços e assim mostrar que a reconhecia e se recusava a rejeitá-la.

Na cidade, existiam lugares destinados especificamente ao abandono de bebês indesejados, em geral meninas, mas, às vezes, havia meninos ilegítimos, deformados ou cujo nascimento fora acompanhado por maus presságios. A criança que o pai não levantasse poderia ser exposta também diante da casa ou numa lixeira pública para quem a quisesse recolher. Mesmo estando ausente, o pai poderia ordenar à mulher grávida que rejeitasse o recém-nascido. Uns poucos podiam ser recolhidos por estranhos e adotados ou criados como escravos, mas a maioria era deixada à morte em suas cestas, pela exposição ao tempo ou à fome.

Na época inicial do império romano, havia um número bem menor de mulheres do que de homens. A razão principal, sem dúvida, era que os pais encaravam as filhas como um luxo dispendioso. Consta que o valor dos dotes entre os ricos atingia 67,5 quilos em barras de ouro, que deveriam ser pagos em três prestações anuais.

Apesar de, naquela época, as formas de evitar gravidez serem bastante rudimentares, várias técnicas contraceptivas eram conhecidas em Roma, embora a maioria fosse de efeito duvidoso. A alternativa principal, em particular para os homens que gostavam de se sentir donos da situação, seria o *coitus interruptus*. As mulheres usavam supositórios vaginais feitos de madeira ensopados em várias substâncias, que supostamente evitavam a fertilidade. Entre as práticas mais comuns, estavam a utilização do mel, da goma do cedro e dos sulfatos misturados com óleo.

O escritor e político Plínio propunha algumas receitas para diminuir o desejo sexual das mulheres: esterco de rato, aplicado sob a forma de linimento; ingerir excremento de lesma ou de pombo, misturado com óleo ou vinho; testículos e sangue de galo esterqueiro, que devia ser escondido debaixo da cama. Além disso, ele indicava que, se os rins da mulher fossem friccionados com sangue extraído dos carrapatos de um touro selvagem negro, ela seria tomada de aversão ao intercurso sexual.

Trezentos anos mais tarde, Lucretius atribuiu uma técnica curiosa às prostitutas. Segundo ele, elas costumavam ondular as coxas durante o ato sexual, o que proporcionava prazer a seus parceiros, ao mesmo tempo em que dirigia o fluido seminal para fora da zona de perigo. As pinturas nos vasos gregos esclarecem que as hetairas conheciam um método mais eficaz: em geral, elas insistiam no intercurso anal.

A religião para as mulheres romanas significava uma fuga do tédio, uma escapada excitante. A festa e a devoção podiam coexistir nas seitas ou confrarias porque o paganismo era uma religião de festas: o culto não passava de uma festa, com a qual os deuses se divertiam, pois nela encontravam o mesmo prazer que os homens. A devoção consistia em prestar aos deuses as devidas homenagens; a festa religiosa oferecia o duplo prazer de ser também um dever. Havia festivais anuais dedicados a Vênus. As mulheres casadas adoravam a deusa no dia 1º de abril; homens e mulheres que se entregavam à prostituição, no dia 23 do mesmo mês.

Laércia foi à festa com a amiga. As esposas romanas de classe alta saíam de casa com considerável independência, desde que as tarefas domésticas, incluindo amamentação, pudessem ser repassadas a servas e escravas. "Uma procissão de mulheres e homens dança e bebe vinho enquanto se dirige a seu templo. Seres era freqüentadora assídua do ritual de abril e convocou Laércia, que, em outros anos, se havia negado a participar. (...) 'Está na hora, mulher, precisamos prestar homenagem a Vênus. Vista alguma coisa esplêndida e insinuante porque a deusa quer que exaltemos o amor' (...) A multidão de homens e mulheres aumentava com a chegada da noite. Ânforas de vinho doce corriam de mão em mão, enquanto as louvações e danças alimentavam o clima de adoração ao prazer."

Além dos fervores do calendário religioso, havia outros prazeres que nada tinham de sagrado e só eram encontrados na cidade; faziam parte das vantagens da vida urbana. Consistiam nos banhos públicos e nos espetáculos – teatro, corridas de carros no circo, lutas de gladiadores ou de caçadores de feras nas arenas. A melhor parte da vida privada transcorria em estabelecimentos públicos.

Na Roma antiga, as mulheres se divorciavam dos maridos porque eles eram tediosos; os maridos das esposas porque elas começavam a mostrar rugas, imoralidade, futilidade ou astúcia. Em 131 a.C., um romano, ao discutir a necessidade de ser aumentada a taxa de natalidade, disse: "Se fosse possível viver sem esposas, cavalheiros, deveríamos todos poupar-nos o estorvo. No entanto, como a Natureza decretou que não podemos viver em paz com elas e tampouco sem elas, devemos agir tendo em mente vantagens futuras, em vez de pensar no conforto presente."

Algumas décadas mais tarde, Cícero, logo após se divorciar da esposa Terentia, afirmava que jamais voltaria a se casar. Quase imediatamente, contudo, foi forçado a se retratar. Tinha esquecido de que precisava repor o dote de Terentia e a única maneira de levantar o dinheiro seria casando-se com outra.

O casal e a monogamia

No século I antes de nossa era, um romano devia considerar-se um cidadão cumpridor de todos os seus deveres cívicos; um século depois, devia considerar-se bom marido e respeitar sua mulher. Isso significa que havia chegado o momento em que se interiorizara como moral a instituição do casamento monogâmico.

Na velha moral cívica, a esposa era apenas um instrumento da função de cidadão e chefe de família; fazia filhos e aumentava o patrimônio. Na segunda moral, a mulher era uma amiga; tornara-se "a companheira de toda uma vida". Por reconhecer sua inferioridade natural, devia obedecer ao marido, que a respeitaria como um verdadeiro chefe respeita seus auxiliares devotados, os quais são seus amigos inferiores.

Um marido era tanto senhor da esposa como dos filhos e dos domésticos; o fato de sua mulher ser infiel não constituía um ridículo, e sim uma desgraça, nem maior nem menor do que se sua filha engravidasse ou um de seus escravos faltasse como o dever. Se a esposa o enganasse, criticavam-no por falta de vigilância ou de firmeza e por deixar o adultério florescer na cidade.

Em Roma, havia uma grande quantidade de inscrições em paredes, que demonstravam a participação política das massas e suas preocupações com o dia-a-dia. Muitas vezes, diziam respeito à sexualidade e estavam diretamente ligadas à satisfação dos desejos. *Zelica cunnunm linget assibus IIII.* "As paredes do Império, como bem sabem, são cobertas pelas inscrições e mensagens públicas. É nelas que o vulgo toma conhecimento de muitas coisas acontecidas. Sabino, como artesão e pintor, dominava a arte de se expressar nos muros. (...) A inscrição foi lida por todos na muralha externa do palácio de Fabrício, e insinuava que a esposa deste praticava o *cunnilingus* por quatro asses."

Como Zelica poderia cobrar? A prática da prostituição sem o devido registro era considerada indevida e vexatória. E como deveria agir um marido enganado? Fabrício precisava mostrar firmeza. "Castigar o artesão implicava romper com o contrato de trabalho e perder os excelentes painéis que estavam sendo compostos. Deixar passar em brancas nuvens poderia encorajar alguma transgressão. Era preciso deixar claro que ele não aceitaria nada do gênero. A solução era castigar quem estava à mão. O látego de três pontas lhe pareceu o melhor meio. Os gritos e gemidos de Zelica foram ouvidos em toda a casa..."

No início dos tempos imperiais, muitas mulheres começavam a considerar reduzidas suas atividades extraconjugais, não porque seus maridos se queixassem (embora alguns o fizessem), mas porque o imperador Augusto instituiu uma legislação que levou o adultério ao domínio público, introduzindo penalidades legais para uma ofensa que, anteriormente, havia sido uma questão apenas para a família. As tentativas de corrigir a prática de adultério foram organizadas no ano 18 a.C. no *Lex Julia*. O imperador Augusto detalhou publicamente os amores de sua filha Júlia, que não escondia seus romances, e a confinou numa ilha. Quatro de seus amantes foram enviados para o exílio e o quinto foi executado.

Nero (37-68 d.C.) também tornou público o adultério de sua esposa Otávia. Era importante mostrar que eles não tinham complacência com o vício. A opinião pública se indagava se devia admirar ou censurar o silêncio de outros esposos. O único meio de um marido ou pai prevenir tal dano consistia em que o primeiro denunciasse publicamente a má conduta dos seus.

As penalidades por adultério eram aplicadas principalmente contra as mulheres. Se o marido descobrisse o adultério da esposa, era forçado a divorciar-se dela e tinha de processá-la no prazo de sessenta dias a partir da descoberta da traição. Caso contrário, corria o risco de ser ele próprio processado. Ela era, então, banida, despojada de metade do dote e de um terço de quaisquer bens que possuísse, constituindo ofensa criminal para qualquer homem casar com aquela mulher. O amante, se casado, também era banido, embora não para a mesma ilha que a dama em questão.

No caso de o marido ser adúltero, a lei determinava explicitamente “que as esposas não têm nenhum direito de fazer acusações criminais de adultério contra seus maridos, mesmo que queiram reclamar da violação da promessa do casamento, já que a lei confere tais privilégios apenas aos homens, e não às mulheres”.

Anteriormente, até o final do primeiro século a.C, um marido tinha o direito legal de matar a esposa no ato, caso ela fosse apanhada em flagrante de adultério. Em certas circunstâncias, ela podia ser condenada à morte, mesmo se não apanhada em flagrante.

Um marido com amante que não fosse prostituta registrada podia ser processado por "vício antinatural". Quando houve uma súbita enxurrada de solicitações de registro de prostitutas, muitas vindo de mulheres respeitáveis, o Senado precisou tomar rápidas providências. Somente no século IV é que os maridos adúlteros foram sujeitos às mesmas penalidades aplicadas às esposas adúlteras, embora tal avanço fosse desequilibrado pela crueldade do castigo, que era a morte.

A antiga lei hebraica que proibia o adultério era aplicada exclusivamente às mulheres casadas, obrigando-as a ter relações sexuais apenas com um homem. Tal restrição não era aplicada aos homens casados, que podiam fazer sexo com outras mulheres que não suas esposas, como viúvas, concubinas e escravas. Confirmado o adultério, uma mulher podia ser apedrejada até a morte, junto com seu parceiro sexual.

Mais tarde, na Idade Média, a sociedade cristã continuou punindo severamente as mulheres adúlteras. No século XIII, na França, tanto o homem quanto a mulher flagrados em adultério costumavam desfilar nus pelas ruas e, no século XIV, na Alemanha, os adúlteros podiam ser enterrados vivos e empalados. Em 1231, o rei da Sicília, sob as ordens do imperador Frederico II, adotou uma série de leis com a intenção de diminuir a punição às mulheres adúlteras: em vez de ferimentos feitos com espada, era decretado o confisco da propriedade do homem que fizesse sexo com uma mulher casada, enquanto a esposa condenada sofria um corte profundo no nariz, punição considerada suficiente. No século XVII, na Nova Inglaterra, a pena mais comum era o chicote ou uma multa, aliada a uma execução simbólica: aquele que praticava adultério permanecia de pé em praça pública, por cerca de uma hora, com uma corda em volta do pescoço.

As crueldades e os jogos de cena que apreciamos em "Fragmentos romanos" estão perfeitamente de acordo com a mentalidade patriarcal extrema que imperou durante tanto tempo. A seguir, mergulharemos em realidade distinta, quando as mesmas questões colocadas na São Paulo dos anos 90 demonstram os estertores deste mesmo patriarcado.

Alameda santos

Gena Pode subir.

(Eles estão chegando, Gil. O Ariosto e a Fernanda sempre foram pontuais. Mas logo todos estarão aí. Os jantares aqui em casa são famosos pela fartura e qualidade. Você sempre escolhia os vinhos e se estendia sobre o tipo e a safra. Sua digressão era um dos atrativos dos jantares. Eu ficava orgulhosa de ser sua mulher. Mesmo na casa de Ariosto, com sua pujança de empresário bem-sucedido, não tínhamos o refinamento que você imprimia aos encontros. Fernanda tentava dar um lustro cultural falando de algum artista que exibia em sua galeria de arte, mas ficava claro que, sem o dinheiro do marido por trás, ela não seria sequer citada nas colunas especializadas.)

Gena Queridos, que bom que consegui encontrá-los no país. Essa época do ano, todo mundo voa para longe...

Ariosto Como vai, Gena?

Fernanda Querida, saudade de você... Faz quanto tempo que não nos vemos? Acho que foi no velório, não foi?

Gena Foi lá, sim.

(Acha nada, Gil... ela sabe que foi no velório. Desde então, fiquei isolada neste apartamento.)

Fernanda Faz um ano já? Como o tempo passa rápido.

Gena Entrem. Ariosto bebe scotch...?

Ariosto Só bebo aquele blend aqui. O Gil tinha uma reserva dele. Como é que chama?

Gena O Juca é quem sabe. Ele saiu para buscar uns condimentos. Estou só com duas pessoas no serviço. Oh, chegou mais alguém.

– Pode subir. É a Lia.

(Hoje, eles acabam com seu uísque, Gil, mas vai valer a pena. Entre as pessoas que freqüentaram nossa casa, Liane e Carlos são aqueles com quem mais tive afinidades, apesar de tudo. Os artistas, por mais egoístas e frágeis que pareçam, sempre são pessoas melhores. Acho que foi você quem me ensinou isso.)

Fernanda Saudade desta casa. Foram tantos encontros agradáveis aqui....

Gena Não é mesmo? Quase dez anos de jantares... Vou deixar a porta aberta. Vamos sentar.

(Vou tentar não me antecipar, Gil. Vou manter o controle.)

Lia Oi, Gena. Quanto tempo, querida... deixa eu dar um beijo no Ariosto. A Fernanda, eu vejo todo o dia.

Gena Cadê o Carlos?

Lia Ele vem direto do estúdio. Daqui a pouco está aí.

Gena O Juca voltou. Juca, as pessoas precisam beber. Traga o uísque do senhor Ariosto. Lia, Fernanda, bebem o quê?

(Elas estão bonitas, Gil, como você as deixou aqui na Terra.)

Lia Uísque, também.

Fernanda Eu bebo água mineral com gás... por enquanto...

Gena Hoje seria um daqueles dias em que Gil já teria separado os vinhos.

(Vou começar a introduzi-lo no ambiente, como você gostava.)

Juca Pode pedir que subam. São dona Paola e seu Jamil.

Gena Pronto, estamos com o grupo formado. Não, falta o Carlos...

(Você costumava anunciar cada chegada com um comentário irônico, e todos achavam graça. Eu não tenho esse brilho, Gil. A mediocridade de Jamil, por exemplo, era sempre neutralizada com elegância por você. Ninguém se incomodava com o "degrau" que representava a presença desse ignorante entre nós. Até mesmo Paola, que suporta o marido para se manter, reconhecia as dificuldades que você conseguia neutralizar. Aliás, a própria Paola, que transita tão bem no meio de tanta gente culta, está se tornando uma chata. Será a convivência, Gil?)

Juca Pode subir. Seu Carlos chegou.

Gena Pronto. Está completo o quadro.

Paola Olá, para todos. Gena... há quanto tempo. Desde...?

Gena Desde o dia 23 de agosto de 2003. Há um ano, Paola.

(Ninguém se dera conta de que hoje completa um ano desde

o seu fim, Gil. Sem esse jantar, passaria em branco a data. Mas vamos tornar o momento inesquecível.)

Paola Hoje é o aniversário da morte dele?

Jamil Passa rápido, né? Mas você resistiu bravamente, Gena. Ele gostaria de vê-la recebendo os amigos.

Gena Obrigada. Você é muito gentil.
(Gostaria, mesmo, não é Gil... de ver essa gente reunida para ouvir você pela última vez.)
– O que você bebe? Peça ao Juca.

Carlos Alô. Que surpresa! Todos reunidos como antes.

Gena Carlos, querido, que bom ver você. Estamos aqui, como tantas vezes, faz tão pouco tempo...

Ariosto Você vai se desfazer deste apartamento, Gena?

Gena Cheguei a pensar nisso, mas não sei mais... estou acostumada aqui.
(É como se você estivesse ainda na biblioteca ou sentado na varanda, Gil. Apesar de tudo, sinto saudade...)

Ariosto É muito grande. Você pode conseguir uns dois milhões nele. É só anunciar... e pode ir morar em um flat.

Fernanda Abandonar um palácio como este para morar num flat? Que idéia, Ariosto...

Ariosto Ora, redução de custo e de trabalho.

Gena É uma idéia.

(Para eles, sou uma viúva preparando o fim da vida, Gil. Querem me ver instalada em qualquer buraco esperando a hora da morte. Tudo porque você se foi.)

Carlos São Paulo está a cada dia mais intransitável. O melhor é se mexer o mínimo possível.

Paola A alameda Santos é um excelente endereço. Está perto de tudo. Nós moramos naquele condomínio maravilhoso, mas, para ir ao cinema, é preciso rodar uma hora e meia de carro.

Jamil E quem quer ir ao cinema? Temos um excelente *home theater* em casa.

Gena Acho que não vou sair daqui tão cedo...

(Está tudo igual, Gil. Paola continua insatisfeita com Jamil, que a quer aguardando em casa a volta do marido, na luta pelo brioche de cada dia, como você costumava dizer...)

Carlos Mas... não que se precise de razão para encontrar os amigos... mas qual é mesmo o motivo do jantar?

Lia Você ainda não tinha chegado, querido, quando Gena nos lembrou que hoje faz um ano que Gil nos deixou.

Gena Um ano menos um dia.

(Você morreu na tarde anterior, depois da lenta agonia. As mortes anunciadas são mais doloridas.)

Paola Mas no convite por e-mail acho que você falava de uma surpresa... Ou estou delirando?

Gena É. Falei mesmo de uma surpresa. Logo após o jantar, junto com o licor, vou colocá-los a par. Posso pedir que sirvam a mesa?

• • •

Gena Essas ostras são consideradas afrodisíacas, sabiam?

(Não me aproximo de seu charme, Gil. Você gastaria dez minutos descrevendo as propriedades dos moluscos e entremearia alguns comentários sugestivos que arrancariam risadas dos convidados.)

Carlos Alguma sugestão neste comentário?

Gena Não. Li em algum lugar...

(Todos riram do comentário, Gil, e de mim, que fiquei constrangida. Falam agora, animados sobre excitação, prazer, sexo, mal sabem a surpresa que os espera. Será que alguém transa com alguém entre os presentes? A maioria tem pelo menos dez anos de casamento...)

Lia Hhhuuummm, essa *paella* está maravilhosa, Gena. Lembro que o Gil fazia esse prato. Saboreamos algumas aqui, não foi?

Gena Sim. Gil fazia. Aprendeu na Espanha, quando trabalhou em Barcelona, numa obra que durou quase dois anos.

(Você me abandonou naqueles dias, Gil. Fiquei neste apartamento andando de um lado para o outro. Quando quis encontrá-lo, fugia, por toda a Europa. O doutor Gilberto acabou de embarcar para Londres, respondia sua secretária. O doutor Gilberto voou para Roma, a voz melosa dela dizia. Meses a fio...)

Jamil Não sei como ele encontrava tempo para cozinhar e administrar aqueles grupos de trabalho ao mesmo tempo.

Paola Ele sempre soube fazer várias coisas simultaneamente.

Gena Há frutas da estação e torta de maçã com merengue, de sobremesa.

(Devemos chegar logo ao fim da comilança, para que você entre em cena, Gil. Estou ansiosa. Esperei tanto tempo para viver este momento especial...)

Ariosto Vamos terminar esse Malbec, que está maravilhoso. Se ficar o resto na garrafa, vai para o lixo e será um desperdício.

Gena Sim, é claro.
(Este vinho foi comprado por você. Estão acabando as últimas garrafas escolhidas por suas mãos, selecionadas para beber com os amigos e respectivas mulheres. Logo nada mais restará sobre a face da Terra que tenha tido sua participação direta, à exceção dos prédios que ajudou a construir. Sua lembrança ficará restrita ao frio concreto e a umas poucas lembranças. Quando eu me for, estará tudo acabado.)

• • •

Gena Há uma caixa de charutos La Habana. Era só o que ele fumava. Não sei se têm prazo de validade.
(Deixe que eles consumam tudo o que foi seu, de mais pessoal. Logo estará neles de forma irremovível.)

Ariosto Basta cheirar que se sabe se estão bons ainda. Deixe eu examinar...

Gena O Juca servirá os licores. Basta que vocês peçam.

Ariosto Os charutos estão ótimos. Podemos degustar. Vamos queimar essas maravilhas cubanas em homenagem a nosso amigo desaparecido... Vai Carlos? Jamil?

Fernanda O vinho soltou sua língua, hem, Ari?

Gena Deixa seu marido brindar. Se Gil estivesse aqui, estaria fumando e bebendo.

(Você estaria mesmo... embriagado e sarcástico, brilhante e deliciosa companhia. Provavelmente desmanchado em flerte com as mulheres presentes. Suas gracinhas amuavam os amigos menos imaginativos. Ariosto se reduzia à sua mediocridade de acumulador de dinheiro.)

Carlos E a surpresa? Está na hora, Gena.

Gena Você era um menino curioso na infância?

Lia Era e é. Ele deve estar pensando nisso desde a hora em que você falou.

Gena É mesmo, Carlos?

Carlos Não é tanto, mas confesso que estou curioso...

Gena Bem, foram servidos os licores. Acho que podemos passar ao testamento.

(É chegada a hora, Gil. Quisera acreditar em outras vidas e imaginar que está aí, no ar translúcido, a tudo assistindo. Embora não tenha manifestado o desejo expresso de que eu revelasse o conteúdo de sua carta, acho que é um direito que me assiste.)

Ariosto Testamento? Gil lembrou dos amigos?

Gena Sim, lembrou.

(E como lembrou. Não esqueceu um dia que tinha amigos disponíveis, não é Gil?)

Jamil Está ficando interessante.

Carlos Nunca recebi nada de herança.

Lia É melhor aguardar...

Gena Este envelope enorme chegou pelo correio dois dias depois da morte de Gilberto. Foi postado na agência próxima daqui. O Juca o despachou a pedido de Gil.

(Foi bem do seu estilo, surpreendente.) Meu marido era uma pessoa extremamente organizada e sabia que estava no fim. Planejou o envio de forma que me surpreendesse. Agora, vocês se surpreenderão. Vou ler trechos da longa carta em que ele me põe a par de muitas coisas que aconteciam entre nós e vocês.

Paola Talvez não nos diga respeito, Gena. Pense bem. Não devemos expor as intimidades do casal aos amigos. Ninguém ganha nada com isso. São feridas que devem ser curadas com o tempo.

Ariosto Se nós somos citados, acho que temos o direito de tomar conhecimento.

Paola Ari, o que um paciente terminal diz é muitas vezes condicionado pelo emocional.

Carlos Há alguma coisa na carta que possa causar constrangimento?

Gena Há.

(Isso vai ser melhor do que se anunciava, Gil. Sou obrigada a admitir que você era um gênio.)

Jamil Isso tudo está parecendo um filme de suspense, Gena. Nossa curiosidade não permite que você retarde nem mais um minuto a leitura da carta de Gilberto.

Paola Vocês deveriam pensar bem.

Jamil Leia a carta, por favor...

Gena Gostaria que vocês fizessem os pedidos ao Juca. Vou liberar os empregados para evitar indiscrições.

Carlos A coisa é nesse nível?

Fernanda Talvez eu concorde com Paola que deveríamos antes conversar a sós, entre as mulheres...

Ariosto Por quê?

Jamil De que se trata?

Gena Alguém precisa do Juca?

Ariosto Prepare um balde com gelo e traga a garrafa de uísque para a mesa, Juca, por favor... O que você teme, Fernanda?

Fernanda Muito bem. Não temo nada. Vamos ouvir.

Carlos E você, Lia, o que acha desta fase preliminar?

Lia Não acho nada. Vamos ouvir.

Gena Muito bem. Juca, avise a Maria que está na hora. Vocês estão dispensados até as dez horas da noite.

Paola Vamos embora, Jamil. Não temos necessidade de participar deste jogo maluco.

Jamil Calma, Paola. Você está perturbada. Nunca vi você assim...

Paola Quero ir embora.

Jamil Se quiser, vá. Quero ficar até o final.

Paola Está bem, mas não diga que não avisei.

Gena A carta é longa. São muitas as considerações. Selecionei alguns trechos em que vocês são citados...

Lia Não acho justo, Gena. Se a opinião de Gil a nosso respeito vai ser exposta, o correto é que esteja dentro do contexto geral. Como vamos saber se sua seleção foi a mais correta?

Gena Vocês concordam com Lia?

Ariosto Eu concordo. Se vai sair merda daí, é melhor que venha tudo junto.

Carlos Concordo. Tudo.

Jamil É. Já que começou, tudo.

Fernanda Leia o que o Gil resolveu aprontar.

Paola Leia tudo.

Gena Está bem.
(Eles ouvirão você agora, Gil. Mais do que eu gostaria. Será a depuração com muitos anos de atraso.)

• • •

"Querida Gena

Ao ler essas palavras, você estará em total vantagem sobre mim. O movimento das ruas, o canto dos pássaros e as últimas altas e baixas do pregão da bolsa não me estarão mais disponíveis. Esta carta é uma última forma de participar da existência que tanto amei. Embora eu esteja em desvantagem absoluta, descubro um único item em que estou à frente: posso ser sincero neste momento. Sabemos que a sinceridade é um luxo dos tolos, ou dos mortos.

Os seis meses que transcorreram desde a descoberta do tumor até a sua metástase, após a cirurgia, me serviram para a meditação e a avaliação do que foi para mim a vida. Fui um homem generoso e lutador e não merecia o fim prematuro que tive. Aos 55 anos, muita vida ainda poderia me restar. Tenho certeza de que você compreende isso e percebe, por exemplo, que seria mais justo seu desaparecimento do que o meu. Menos amigos sentiriam sua falta, e mesmo minha participação na economia do país será mais sentida do que a sua. Nestes anos todos você usufruiu de meus ganhos sem que eu nunca tenha dito uma palavra sequer. Sei que essas constatações não parecem mais duras a você do que realmente são. Sei que você compreende o quanto está em vantagem sobre mim. As revelações que farei nas páginas seguintes talvez de nada sirvam, a não ser apaziguar o espírito de um moribundo. De qualquer forma, se sentir que serão pesadas as confissões, jogue sem dó essas folhas na lareira e ninguém saberá jamais que foram escritas. Digo isso com a tranqüilidade de quem a conhece e também a sua curiosidade."

Carlos Que pessoa cruel o Gilberto se tornou, Gena!!! Se alguém me contasse eu não acreditaria...

Gena Por favor, não faça prejulgamentos, Carlos... a leitura está apenas começando...

Ariosto É, pode ser. Mas concordo com Carlos. Ele está se mostrando arrogante e sádico...

Jamil Prossiga... por favor.

"Os 22 anos que vivemos juntos não foram de todo desagradáveis. Soube administrar a casa e organizar os eventos sociais que se tornaram tradição no endereço da alameda Santos, com nosso grupo de amigos. Estanca aí sua competência. Nossa intimidade afetiva foi desastrosa, como deve saber. Não nasceu para o amor físico, tem consciência. Nossa vida sexual foi um desastre e não consigo me lembrar de uma única noite de plenitude amorosa com você, nem mesmo na lua-de-mel. Aliás, especialmente na lua-de-mel, quando os condicionamentos calhordas, que sua família lhe impôs por via da educação, ainda eram eficazes. Lembra-se da noite em que eu quis experimentar umas variações e me jogou na cara que não era uma vagabunda? Falou de boca cheia: VA-GA-BUN-DA. Antes fosse, Gena, teríamos tido uma vida mais feliz na cama. Fosse eu outro homem e teria vivido infeliz por todos esses anos. Se fosse fiel a você, seria infiel a mim. Aliás, considero que foi infiel, mesmo sem nunca ter deitado com outro, foi profundamente infiel ao me empurrar para o adultério. Estranha palavra: adultério. O que adulterei? Nossa infelicidade conjugal? Mas nasci alegre e não me amofinei. Minha primeira amante, após nosso casamento, foi Alessandra."

Paola Chega, Gena. Não somos forçados a ficar ouvindo a descrição, provavelmente mentirosa, desse sádico...

Gena Ninguém é obrigado a nada, Paola.

Jamil Eu estou gostando. Você está com medo de alguma revelação?

Paola Eu? Não. Do que teria medo?

Carlos Quem é Alessandra?

Gena Era nossa arrumadeira. Isso foi no final dos anos 70. A Alessandra era uma baiana moreninha.

Ariosto Você desconfiou na época?

Gena Não. Pensei que ele fosse mais seletivo.

Carlos Continue.

Paola Gilberto era sádico e vocês são masoquistas.

Jamil Estou começando a me preocupar...

Gena Devo prosseguir?

Carlos Claro. Prossiga.

Ariosto Vá em frente.

Lia Prossiga. Parece que estamos ouvindo o Gilberto falando.

"Alessandra era o sexo do povo, cheio de sacanagem. Todas as delícias que você me negava ela me deu desde o primeiro dia. Trepamos no carro, no quarto de empregada e até em nossa cama, Gena. Sem ressentimentos, era apenas sexo, Alessandra desconhecia requintes mínimos para ameaçar nosso sagrado lar... Os anos seguintes, até o início dos 90, foram aventuras esparsas, no Rio, em Salvador, em Porto Alegre, em Barcelona e em Roma. Não pense você que eu a queria infeliz, trancada em casa, esperando o marido galinha voltar da rua. Eu preferiria que fôssemos amantes constantes e que, além de mim, você desfrutasse de mais alguns parceiros, assim como eu tinha minhas aventuras, mas seus preconceitos profundamente arraigados a condenaram, e não houve luta de sua parte."

Fernanda Ele está cheio de ressentimentos. Cada um tem sua vida e seu jeito de viver...

Ariosto Prossiga, Gena.

Fernanda Homens...

"Minha estabilidade profissional em São Paulo me obrigou a conseguir alguma amante fixa. Passei a olhar para os lados em todos os lugares. Observar as mulheres. Mas foi dentro de nossa casa que comecei a viver uma história de amor. Justo com uma de suas melhores amigas. Não serei indelicado de revelar qual das três mulheres que são nossas íntimas amigas, com seus maridos, foi minha amante por 11 longos anos. Nosso caso começou durante um dos jantares mensais. Abri a porta do lavabo, que estava destrancada, e a vi com as calcinhas arriadas até o joelho; a saia um pouco levantada, de forma que suas coxas alvas estavam à mostra. Encaramos um ao outro e ela permaneceu assim, sem se mexer, exposta, por alguns segundos silenciosos, quando compreendemos que o toque dependia apenas de tempo... fechei a porta e voltei para a mesa. Desde então, cada vez que nossos olhares se encontravam, havia aquele momento prometendo, prometendo... o próximo passo foi meu. Durante a despedida, abracei-a com força e a puxei contra meu corpo. Tudo muito rápido. Esperei-a na saída do trabalho e, então, fomos para um motel."

Paola Acho que chega...

Jamil Por quê? Foi você a amante do Gilberto?

Paola Que idéia... Isso aqui está parecendo uma sessão de tortura.

Carlos Não vejo assim, Paola... Estou ouvindo como se fosse um filme....

Paola Como um filme? E se Lia aparecer na narração do calhorda aí?

Gena Por favor, Paola, respeite o morto...

Lia Prefiro que você não me envolva nos comentários.

Paola Está todo mundo sensível. Vamos acabar brigando... todos... viemos aqui para um jantar agradável e estamos quase brigando...

Ariosto Prossiga, Gena.

"Quero deixar claro que não era de meu interesse manter uma relação com a esposa de um amigo, mas, por outro lado, não alimento falsos moralismos e acho que os desejos devem ser satisfeitos. Eu e ela estávamos explodindo de tesão, era natural que acontecesse. Vivemos intensamente nosso caso. Viajamos juntos para o exterior..."

Jamil Foi você, Paola. Por isso está tão nervosa.

Paola Não. Eu nego. Não é verdade.

Jamil Foi na metade dos anos 90 que você viajou sozinha para Orlando.

Gena Fique calmo, Jamil. Aguarde o fim da leitura.

(Pronto, Gil. Você está mais vivo do que jamais esteve. A bomba de efeito retardado está funcionando perfeitamente. Jamil abriu a gravata e está vermelho. Espero que não tenha um troço e vá se juntar a você.)

Ariosto Prossiga.

"Ela não insinuou em nenhum momento que deveríamos abandonar nossos cônjuges para ficarmos juntos. Confesso que senti inveja de seu marido, da fidelidade que ele lhe dedicava."

Jamil Balela. É porque não era com ele...

Paola Você devia...

Jamil Cale a boca!!

Ariosto Jamil... Paola... vamos aguardar o fim da leitura para os comentários...

"Ela o ama mais do que você a mim, ou eu a você. Não se sinta desprestigiada. Considero-a um exemplo de esposa tradicional. Sua principal qualidade, Gena, foi não querer filhos, embora essa resolução tenha sido compulsória após a comprovação de minha esterilidade. Mas não quero fugir do assunto. Nossa amiga e minha amante comprovou sua fidelidade ao marido, quando eu, o palhaço da turma, o engraçadinho inconseqüente, me apaixonei por ela. Hoje, do ponto de vista de um quase morto, quando não há mais fantasias a alimentar, acredito que minha paixão tenha sido motivada pela fidelidade dela a seu marido. Eu disse a ela que me separaria de você para que ficássemos juntos, e ela se negou. Esse turbilhão de sentimentos acontecia em paralelo a nossos jantares, em gestos e olhares trocados sobre a mesa ou nos beijos de cumprimentos. Nossos encontros se davam nas segundas, mas pelo menos uma vez saímos do motel pouco antes do horário do jantar com nossas famílias. Crescia em mim a necessidade dela e eu queria mais. Passamos aos encontros duas vezes por semana. Meu desespero por ela chegou ao auge e ameacei contar tudo na frente de todos, em um de nossos encontros à mesa. Ela jurou que negaria tudo e, se eu insistisse, nunca mais falaria comigo. Confessou que estava apaixonada por mim, mas nada além do interesse da carne e do espírito. Em outras palavras, gostava de meu senso de humor e de meu pênis ereto. Não teve pruridos em jogar na minha cara que eu sou, reconhecidamente, um péssimo marido e uma pessoa sofrível. As contradições do humano, querida Gena."

Jamil Este cara era de uma hipocrisia sem limites.

Carlos Pelo contrário, Jamil, acho que ele teve muita coragem em confessar tudo com tanta sinceridade.

Jamil Isso porque estava com o pé na cova. Caso contrário, conspiraria contra a gente até o fim.

Gena Como assim, conspirar contra a gente.... ele não obrigou ninguém a fazer nada.

Jamil Ora, Gena, quando você resolveu expor esta carta, sabia que a imagem dele iria ruir...

Fernanda Gente, vamos ouvir o resto da leitura para reagir depois, pode ser?

Ariosto Vou pedir um minuto para ir ao banheiro. Me aguardem, por favor, não quero perder nada.

Carlos Que petardo esse relato, hein, Gena? E que suspense ele está conseguindo... Ele dá nome aos bois?

Jamil Aos bois, não, Carlos... à vaca...

Lia Que coisa machista, Jamil, não esperava isso de você....

Jamil Uma traição num grupo de amigos e você não acha condenável?

Lia Ele próprio está dizendo que era só sexo, que a tal mulher não quis ficar com ele...

Jamil Só sexo? Sexo é tudo, ou quase tudo. Por que um homem trabalha dez, doze horas por dia? Para dar o melhor para a sua esposa... O que ele pede de volta? Atenção e fidelidade.

Lia Credo, Jamil. Entre mim e Carlos não é assim não.

Carlos Você não respondeu, Gena: ele diz o nome dela?

Fernanda Não responda, Gena. Não conte o fim do filme.

Ariosto Podemos continuar... mais uísque, gelo e confissões do morto... vamos lá...

Gena Por favor, Ariosto, vamos preservar algum respeito pelo Gil...

Ariosto Se as coisas seguirem assim, o perigo é alguém violar a sepultura...

Gena Vamos lá.
(Eles estão rindo, Gil, tensos e rindo. Você conseguiu seu show póstumo.)

"As contradições do humano. O mais vil é o mais interessante, aliás, o único interessante. Ariosto só pensa em seus contratos milionários e no novo modelo de Audi. Jamil é o engenheiro. O mundo para ele é uma questão de cálculo de concreto. O Carlos deveria ser o mais interessante entre nós, uma vez que é artista, mas sua abstração conceitual o joga num mundo próprio e inacessível... sobrei eu, para quem o mundo é um mero passatempo intermediário entre duas inexistências."

Jamil Filosofia barata...

Ariosto Pssiuu....

"Mas a negativa dela em se juntar a mim foi taxativa. E olhe que insisti. Eu tinha a possibilidade de morar fora do país e poderíamos levar uma boa vida, mas ela se negou, com os argumentos acima mencionados. É claro que, para um cara que não sabia que tinha poucos anos de vida pela frente, suas razões eram pífias. Fiquei uma onça. Ela queria continuar com o status de amante, mas não consenti: ou tudo ou nada. Nada, ela respondeu. Nada. Nada.... Eu não podia aceitar essa posição. Meu ego se revoltava em face de tamanha insensibilidade... Hoje, acho que ela tinha razão... Mas bem... interrompi nosso amor carnal num dia de inverno paulista. Parei o carro e a fiz descer, depois fui para o Café Photo e apanhei uma prostituta de 500 dólares, que não me restituiu a autoconfiança perdida. Cheguei em casa e estava tudo igual. Você estava preocupada com o que iria usar sei lá em que recepção. Minha cabeça girava. Mergulhei de cabeça no projeto do edifício da avenida Paulista. Queria acumular dinheiro e comprar a mulher que me rejeitara: fiquei imaginando o que a seduziria: Um carro esporte? Uma jóia? Um negócio? Eu a ouvira falar que queria montar um negócio."

Jamil É você, Paola, confesse...

Paola Saco....

Jamil Confesse e vamos embora, antes que nossos amigos gozem de nosso ridículo...

Paola O único ridículo até agora foi você. Controle-se. Aaaiííííi...

Carlos Calma. Jamil. Calma... Sente deste lado, Paola...

Gena Será que é melhor interromper a leitura?
(Um tapa no rosto de Paola, Gil, é a glória...)

Ariosto Não, de jeito algum, gente... quem quiser que se re tire... mas eu não perderia por nada esse espetáculo degradante... prossiga... prossiga...

Gena Devo prosseguir? Vamos votar? Carlos?

Carlos Voto por prosseguir.

Lia Eu também.

Fernanda Claro. Não é todo o dia que temos um depoimento emocionante como este.

Jamil Depoimento emocionante!!! Sadomasoquismo!!! Vamos continuar, mas preciso de uma dose.

Ariosto Fique à vontade, ainda tem gelo no balde.

Gena Vou prosseguir.

"O negócio da Paulista, como você recorda, não deu certo, pois perdi a oportunidade por falta de agilidade junto ao banco financiador. Minha paixão estava me custando caro, Gena. O incrível é que você não notava nada. Tudo parecia normal a você. Bem, com a derrota econômica, sosseguei um pouco, mas aí aconteceu o que eu não previa e nem poderia prever... Durante um jantar que se alongava madrugada adentro, quando havíamos consumido uma dúzia de garrafas de vinho, saí da cozinha e vi um vulto entrando no corredor que dá nos quartos. Juro que pensei que fosse ela e fui atrás... A porta do banheiro se fechou, demorei um minuto avaliando a situação, veio-me uma brutal vontade de transar com ela e invadi o banheiro. Uma mulher estava sentada no vaso com as calcinhas arriadas até os joelhos, mas era outra de nossas amigas... O susto, a surpresa e o sorriso em seus lábios me mantiveram estagnado ali. Entre, ela disse, e feche a porta..."

Jamil Chega. Duas das três mulheres que podem estar entre as citadas estão aqui. Minha proposta é que elas confirmem a veracidade das perversões descritas...

Carlos Perversões, Jamil? É apenas sexo no banheiro.

Jamil Se você é corno manso, não é o meu caso, Carlos.

Ariosto E nem chegamos ao fim da narrativa: Será que as três não serão citadas?

Fernanda Ele pode estar simplesmente mentindo... sempre foi palhaço...

Jamil Faria isso com aqueles que ele chama de amigos?

Carlos Talvez, no desespero da iminência da morte...

Gena Não quero causar transtorno. É óbvio que eu conhecia o teor do texto e pensei mil vezes em dar um fim nele, mas acho que a verdade sempre é positiva.

Lia Se for verdade...

Gena Prossigo?

Ariosto Prossiga. Se ele não manteve relações com um dos homens, faltam poucas surpresas.

Fernanda Você está se saindo o grande herdeiro do trono de rei das gracinhas que pertencia a Gil.

Paola Prossiga.

"Entre, ela disse, e feche a porta. Julguei que estivesse embriagada, mas então ela completou: e mostre alguma coisa dura, por favor... Bem, foi um novo início, com uma nova amante. Encontramo-nos no dia seguinte, e no outro, e descobri que ela era uma sacana deliciosa. Seu marido a atendia semestralmente e ela possuía outros amantes. Isso não me contou, mas, no convívio com ela, pude perceber. Ajudou-me na ressaca de haver sido repudiado por minha antiga amante, mas não fez com que a esquecesse. Os dias e os encontros se passavam e cada vez mais eu percebia que amava a primeira, mas transava melhor com a segunda: uma fêmea cheia de fantasias. Motéis, viagens curtas e trepadas dentro de banheiros de restaurantes eram algumas das aventuras sexuais que praticávamos. Ela me surpreendia a cada encontro. Num jantar no Fasano, apresentou-me uma amiga. Elas transavam entre si e queriam integrar um homem. Fui iniciado no *ménage à trois*. Como o mundo é diverso de nosso reduto burguês, Gena!!! Ela achava que você tinha cara de frígida e especificou: cara de lésbica de armário, sabe? Aquelas que não conseguiam assumir... Mas a desenganei. Expliquei que a tragédia de sua vida foi ter me encontrado."

Jamil Pelo menos, ele mostra autocrítica. Afinal, Paola: você é a sapata ou a outra?

Paola Antes fosse uma delas, Jamil, teria metido uns chifres que você merece...

Lia Pssiiiuuu...

Ariosto Prossiga.

"Nossas farras eram quase diárias, e porres... bebíamos muito juntos. Foi numa dessas libações que veio a bomba: ela sabia que eu transava com a outra.

Ainda mais: ambas comentaram o envolvimento, minha paixão de adolescente e minha exigência de aprofundamento da relação. Ambas riram de mim e a primeira contou sobre nosso início no banheiro... Essa foi a razão da segunda haver aderido rápido. Eu já era conhecido como invasor de latrinas..."

Jamil Chega, chega, agora realmente chega... exijo que as duas que estão mancomunadas com o defunto abram o jogo imediatamente. Caso contrário, eu me retiro.

Paola Ora, Jamil, então se retire. O fluxo da leitura vai melhorar... Não... Jamil, fique aí.... não se aproxime...

Carlos Acalme-se, Jamil... já está terminando...

Gena Bem, quem sabe paramos por aqui?

(Jamil está querendo agredir Paola, novamente, mas foi contido. Até o fim da leitura, talvez tenhamos uma tragédia.)

Ariosto Vaaamooos até o fiiimmm... Sabe-se lá que sacanaaageeem vem por aííííii.. Iliiiii....

"É claro que surgiu a idéia do encontro entre nós: eu e as duas mulheres, nossas amigas, com quem me envolvi. E aconteceu por sugestão da segunda... Estávamos um dia, três das oito pessoas que se encontravam socialmente, digamos assim, juntos num restaurante, e rimos muito... não dos ausentes, mas da situação em si. Rimos da idéia de infidelidade. Estando os três ali, haveria um álibi perfeito. Era apenas um encontro entre amigos... Conversamos de uma forma muito livre, que a terrível divisão sexual normalmente impedia. Cada um de nós conhecia ao outro. Elas a mim e eu a elas. Eu necessitava das duas, e compreendi isso. Abandonei a idéia idiota de formar um novo casamento com a primeira, iniciativa que, se fosse aceita por ela, tinha tudo para dar errado, porque estávamos reproduzindo uma experiência furada... Não chegamos a ir os três para a cama... a segunda era mais liberal que a primeira, que gosta de sexo entre homem e mulher. Mas, mantivemos com menos freqüência nossos encontros individuais. Essas mulheres, nossas amigas, cresceram muito na minha estima e consideração pessoal. Muitas vezes estive à beira de contar para você. Eu ficava pensando que você precisava abandonar esse conservadorismo para ser realmente feliz, ou pelo menos levar uma vida divertida... A culpa de meu estado de graça constante me oprimia, mas quando eu pensava em falar com você... faltava coragem... Eu me sentia infiel a você não porque fosse amante de nossas melhores amigas, mas porque você desconhecia isso. Por que Jamil, Carlos e Ariosto não eram seus amantes? Um deles devia achar graça em você... atributos físicos não lhe faltam... bastaria um pontapé na moralidade canhestra em que foi criada, ao pé da cruz. Conheci seu pai o suficiente para saber que ele freqüentava prostitutas e depois ajoelhava ao lado de sua mãe na missa de domingo. Que miserável destino, filha deles e depois casada comigo... que nem sequer tinha coragem de lhe contar a verdade que estava ao seu lado... a intimidade das amigas com o corpo de seu marido... Agora, à beira da laje, me sinto melhor confessando a você tudo isso. Mesmo que eu não esteja ao seu lado para assistir seu estupor diante de fatos tão humanos como trocar carícias. Em que mundo vivemos, Gena... que triste e sombrio mundo de ilusões e enganos, que se perpetuam em nome de nada. Mas a comédia, ou o drama, parecem completos sem que de fato estejam. Eu vivia feliz de poder contar com minhas duas amantes e me perguntava: e a terceira? As outras comentaram que ela era fiel ao marido, embora o suportasse apenas em nome da comodidade. A separação seria desvantajosa para ela. Não havia entre eles amor nem sexo. Menos sexo do que entre eu e você. Ou seja, muito pouco... Duvidei que ela não tivesse alguém, homem ou mulher. Elas me garantiam que não. Eu deveria pensar em você, um exemplo de mulher "honesta"... Seria você dissimulada? Seria ela, a terceira, dissimulada? Cresceu em mim a necessidade de comprovar a "pureza" de duas mulheres, uma a que eu não tinha acesso e outra que me pertencia. Será? Confesso que monitorei sua vida por três meses. Seria uma agradável surpresa se durante a tarde você encontrasse alguém... minha culpa teria alívio. Contratei fotógrafo, mas o máximo que descobri foi a origem de nossas dívidas com o cartão de crédito. Você era absolutamente inocente, ou completamente idiota, não sei bem. Restava a terceira mulher. Houve um jantar de fim de ano em que fiquei de olho nela. Tentei invadir o banheiro, mas a porta estava trancada. A simpatia dela comigo não deixava margem nenhuma. Eu sabia que seu casamento era uma merda... talvez possuísse outro amante. Era o óbvio, ou então desprezava o sexo. Difícil dizer. Cheguei ao dramático ponto de segui-la e depois de pagar o mesmo fotógrafo que eu havia contratado para monitorar você. A que ponto chegou minha loucura, Gena... Mas, o pior foi que nada se confirmou. Ela não se encontrou com ninguém em três meses de investigação."

Jamil Este miserável não acredita que uma mulher possa não ser uma puta...

Carlos Por favor, Jamil, procure se conter...

Fernanda O Ariosto desfaleceu. Está roncando...

Gena Ele bebeu uma garrafa de uísque e mais vinho...

Carlos Continue, Gena.

Paola Prossiga.

Jamil Diga, minha querida... diga que você é a terceira... prometa...

Paola Não seja ridículo, Jamil.

Fernanda Diga para ele. Que diferença faz?

Paola Se eu disser que sou a terceira, estou, implicitamente dizendo que vocês são as outras...

Lia É mesmo. E que diferença faz?

Paola Está bem, Jamil. Eu sou a terceira.

Jamil Obrigado, querida. Eu, no fundo, sabia...

Gena Então, vamos prosseguir?
(Sou obrigada a admitir que você foi brilhante, Gil. Eles estão em pandarecos e ainda não receberam os últimos golpes.)

"Minha consternação por encontrar pessoa tão infeliz e tão pura me traziam a tentação de uma abordagem direta. Conversar sobre o assunto com aquela que, assim como a minha mulher, embora mal-amada, permanecia sem manter qualquer outra relação... Chegou um momento em que eu só pensava nisso. Liguei para ela e dei uma desculpa para marcar um encontro no café do MASP. Próximo de nossa casa. Estranha opção. Ela chegou na hora. Sentamos com as taças de café na frente e eu não conseguia falar. Enrolei, enrolei, até que me confessei, falsamente, apaixonado por ela. Engraçado que não pareceu se surpreender com minha confissão. Me olhou sorrindo suavemente e disse que não me amava, nem tinha tesão por mim. Essa negativa me trouxe uma ereção imediata. Eu a desejei como nunca havia desejado uma mulher. Fui criando argumentos para reverter o quadro, sem resultado. Ela apenas sorria. Depois de abordagens diversas, ela disse: 'Há uma única chance: posso ser sua, mesmo contra a minha vontade, se você me ajudar profissionalmente.' Explicou que o marido, meu amigo, tinha um grande negócio a realizar e ela tinha a informação privilegiada que roubara dele. Queria vender a tal informação para se tornar independente e poder abandoná-lo sem grandes demoras judiciais e numa situação econômica melhor. Fiquei pasmo. Aquilo era tão calhorda e inesperado... mas meu tesão por ela não diminuíra por isso, engraçado. Eu disse que o que ela me pedia era impossível e ela me respondeu que então esperava discrição de mim e fingiríamos que nada acontecera. Algumas semanas depois fui ao médico, sentindo as primeiras dores..."

Carlos Bem, esse depoimento isenta minha mulher de ser a vilã vendedora de segredos, uma vez que não os possuo. Sou apenas um artista plástico... e brasileiro... Por outro lado...

Lia Por outro lado entrega meu relacionamento com Gil... Fico assombrada que vocês nunca tenham notado a forma carinhosa com que nos tratávamos...

Carlos Não tripudie, por favor...

Lia Não é essa a intenção...

Jamil Que história de informação sigilosa é essa, Paola?

Fernanda Não podemos tomar o que o Gil escreveu ao pé da letra.

Paola Exatamente.

Gena Eu quis que vocês conhecessem o conteúdo da carta porque eram citados...

(Eles estão em pé de guerra, Gil. Falam todos ao mesmo tempo...)

Jamil Vocês devem explicações: quem é quem? O que é verdade e o que é invenção? A Lia já admitiu que era amante dele. Quem mais vai falar?

Lia Jamil, sua ansiedade deve se restringir à Paola. Deixe que comigo o Carlos se preocupa...

Carlos Eu? Me preocupar? Tô fora.

Fernanda Ainda bem que o Ariosto dormiu.

Paola Devemos considerar que esta carta foi escrita por uma pessoa com os dias contados, cheia de ressentimentos...

Jamil Ele mentiu? Em algum momento ele mentiu?

Paola Eu não disse isso...

Jamil Se ele não mentiu, você está mal, ou foi amante dele ou conspirou contra mim. Como não lembro de nenhum projeto em que eu mantivesse informações sigilosas, concluo que você foi amante dele...

Paola Vamos lavar a roupa suja em casa, amor...

Jamil Resta saber se você foi a primeira ou a segunda. Resta saber se além de adúltera você também é lésbica...

Carlos Tudo isso é passado, Jamil. A história da conspiração profissional é que me parece grave, o resto é sexo, apenas.

Jamil Desculpe, Carlos, mas se mantenha fora disso, como me chamou a atenção a sua mulher. Nós não temos um pacto tão liberal assim. Há dois adolescentes lá em casa que são nossos filhos...

Paola E que não precisam ficar sabendo de nada...

Jamil É simples, não é? Esconder tudo. Jogar sob o tapete. Só exijo que você responda se é a primeira ou a segunda. Temos aqui uma testemunha que pode avalizar a sua resposta.

Paola Não fique tão exaltado. É perigoso pro seu coração...

Jamil Responda.

Paola E você, Gena? Assiste ao circo pegar fogo de camarote, por que quem podia azucrinar você já não está mais aqui, não é?

Gena É verdade, Paola. Gil se foi e sua ausência é melhor do que sua presença. Eu o odiei em muitos momentos, quando desconfiava que ele tinha amantes e que eu não imaginava serem as minhas amigas. Quando li a carta achei que era o momento de acertar contas com vocês e com ele, também...

Fernanda A carta acaba ali?

Jamil Responda, Paola: você é a primeira ou a segunda?

Paola Chega, Jamil. Falaremos sobre isso depois.

Jamil Eu vou embora.

Gena Quer um café, Jamil?
(Está acabando, Gil. A sua primeira vítima está na porta.)

Jamil Não. Obrigado. Acho que nossa convivência de tantos anos acabou. Vamos, Paola?

Paola Vamos. Adeus. Semana que vem tudo estará mais calmo. Espero.

Gena Bem, quem fica quer um café?

Carlos Sinceramente? Prefiro vinho.

Gena As garrafas que restaram da adega dele estão ali naquele balcão menor. Fique à vontade.
(Está acabando, Gil. Logo você estará livre dos que o recordam neste mundo.)

Fernanda E eu, como é que faço com esse homem desacordado?

Gena Leve-o para o quarto.

Fernanda Não. Ele vai acordar e vamos embora de táxi. Também estou sem condições de dirigir. Amanhã a gente apanha o carro na sua garagem.

• • •

Lia Bem, estamos apenas nós aqui, sem grandes emoções mais. Por que você não lê o fim da carta, Gena?

Carlos É. Faça isso para terminarmos o vinho.

Gena Querem mesmo? O fim é bastante pessoal.
(Então, Gil, sua despedida vai ser com apenas uma de suas amantes, um de seus amigos e sua única esposa. Preferi você por escrito do que ao vivo, querido.)

"A certeza da morte me gerou um sentimento que foi um misto de vergonha e ressentimento. Eu queria fazer coisas que não fiz, mas também queria me redimir de meus supostos pecados. Naquela semana, mesmo com as dores, encontrei minhas duas amantes e tentei transar com você, Gena, lembra? Foi um fracasso. Mas nenhuma de vocês sabia que estava mantendo relações com um quase morto. Foi totalmente diferente para mim, mas nada diverso para vocês. Concluí que nossa vida depende, e muito, das perspectivas. Resolvi escrever esta carta quando o meu médico, pressionado, informou que eu já não estaria aqui no próximo verão. Queria que você soubesse que embora eu tenha fornicado com muitas mulheres, fui fiel a você. Foi a pessoa que me suportou por toda a vida. Se foi um equívoco nosso casamento, a culpa foi dos dois e nunca odiei você, pelo contrário, tenho muito carinho por você. Não caia na bobagem de casar novamente. Você não foi feita para isso. Arrume um ou dois amantes cheios de energia ou compre um vibrador. É melhor estar só do que mal acompanhado. A função da carta é lhe revelar alguns fatos que você ignorava. Vivi e morro com a certeza de que sempre é melhor saber do que não saber. Após ler essa carta, queime-a na lareira ou dê a ela o fim que desejar. Adeus."

Gena Acabou.

Lia Vamos queimá-la juntos. Em homenagem a ele.

Gena A lareira está apagada.

Carlos Use o meu isqueiro.

sobre Alameda santos

Não deve ser fácil participar de um jantar como o que Gena ofereceu aos três casais amigos. Emoções fortes e grandes revelações. Poucos temas amorosos mexem tanto com as pessoas como a não-exclusividade sexual nas relações estáveis. Principalmente quando se trata de um grupo de amigos que se freqüentam.

Seres humanos em todo o mundo se casam, e a maioria espera formar um vínculo para a vida inteira. Muitas sociedades valorizam a monogamia – uma pessoa não pode ter mais de um cônjuge –, sendo que algumas a inseriram em suas leis e religiões. No Ocidente, o casamento é monogâmico, exceto para alguns grupos como os mórmons. No oeste dos Estados Unidos, há aproximadamente trinta mil mórmons vivendo em poligamia.

Mas, na maioria das culturas, as leis que regem o casamento vão além da monogamia. Traição, infidelidade e adultério são palavras usadas para fazer referência às relações extraconjugais, que são, geralmente, punidas com rigor. Embora eu recuse os termos fiel/infiel e, mais ainda, a palavra traição para caracterizar essas relações, vou adotá-los em alguns momentos, com o objetivo de facilitar a compreensão. O adultério, como ato de se relacionar com outra pessoa durante o casamento, é considerado uma grave violação dos deveres conjugais. No Brasil, até pouco tempo atrás, era crime. Atualmente, é uma palavra quase em desuso, por ter a conotação de infâmia, de ato vil, desonesto.

Apesar de nosso tabu cultural contra a infidelidade, são muito comuns as relações extraconjugais. Todos os ensinamentos que recebemos desde o nascimento – família, escola, amigos, religião – nos estimulam a investir a energia sexual em uma única pessoa. Mas a prática é bem diferente. Uma porcentagem significativa de homens e mulheres casados compartilha seu tempo e prazer com outros parceiros.

O pesquisador Alfred Kinsey afirmou a respeito: "A preocupação da biografia e da ficção do mundo, em todas as épocas e em todas as culturas humanas, com as atividades não-conjugais de mulheres e homens casados é evidência da universalidade dos desejos humanos nessas questões."[1]

E a antropóloga americana Helen Fisher conclui que nossa tendência para as ligações extraconjugais parece ser o triunfo da natureza sobre a cultura: "Dezenas de estudos etnográficos, sem mencionar inúmeras obras de história e de ficção, são testemunhos da prevalência das atividades sexuais extraconjugais entre homens e mulheres do mundo inteiro. Embora os seres humanos flertem, apaixonem-se e se casem, eles também tendem a ser sexualmente infiéis a seus cônjuges."[2] Para testar essas afirmações, lancei a seguinte pergunta no meu site: "Você já foi infiel?" Ao todo, 1.231 pessoas responderam. Disseram sim 70%, e não, 29%.

A natureza em ação

Apenas 16% das 853 culturas estudadas prescrevem realmente a monogamia. As culturas ocidentais estão entre elas. A poligamia – o homem ter mais de uma esposa de cada vez – é permitida em 84% das sociedades. O fato de ele buscar parceiras variadas teria origem na vantagem de espalhar seus genes. O sucesso reprodutivo dependeria diretamente da capacidade do macho de fertilizar óvulos. A variedade lhe permitiria explorar simultaneamente a capacidade reprodutiva de várias fêmeas e de dar origem a um número maior de descendentes, com maior diversidade genética. As mulheres, por sua vez, entrariam nos haréns para adquirir bens materiais e garantir a sobrevivência de seus filhos. Essa idéia permitiu que, durante muito tempo, se afirmasse que a infidelidade do homem é natural. Entretanto, vários estudos demonstram que não só no reino animal, mas também entre nossas ancestrais, a infidelidade da mulher é uma constante.

Pesquisas genéticas em insetos, tartarugas, aves e em praticamente todos os mamíferos demonstram que a infidelidade feminina é arma decisiva no processo de seleção natural. Nos pássaros, por exemplo, a necessidade de construir ninhos, protegê-los e alimentar os filhotes é considerada justificativa para o comportamento monogâmico de várias espécies, porque os machos só investiriam tanta energia quando seguros da paternidade. Mas pesquisas têm revelado que a poligamia entre pássaros é muito mais freqüente do que se imaginava. Patrícia Gowaty, da Universidade da Geórgia, ao testar DNA em 180 espécies de pássaros cantores, acasalados em liberdade segundo padrões aparentemente monogâmicos, verificou que apenas cerca de 10% dos filhotes carregavam os genes do pai social.[3]

O mesmo ocorre com os melros de asa vermelha. Durante a época do acasalamento, eles sobrevoam grandes regiões pantanosas, em busca de território para se fixar. Diversas fêmeas juntam-se a um único macho no território deste e se acasalam aparentemente somente com ele. Cientistas realizaram vasectomia em alguns machos antes da época do acasalamento. Em seguida, as fêmeas copularam com eles e fizeram ninhos em seus territórios, como de costume. Para a surpresa dos pesquisadores, muitas delas foram fertilizadas. O que significa que essas fêmeas não haviam sido fiéis a seus parceiros. Para se certificar, os cientistas tiraram amostras de sangue das 31 fêmeas da espécie. Em quase metade dos ninhos, havia um ou mais filhotes cujo pai não era o dono do território. A maior parte dessas fêmeas havia copulado com invasores ou com o macho do território vizinho.[4]

Entre as razões da origem do interesse feminino pela variedade sexual, Helen Fisher assinala o fato de que, se uma mulher tivesse filhos com muitos homens, cada criança seria um pouco diferente, aumentando a possibilidade de algumas delas sobreviverem às variações imprevisíveis do ambiente. A antropóloga explica que, enquanto as mulheres pré-históricas fossem reservadas em relação a seus casos extraconjugais, poderiam conseguir recursos extras, segurança, genes melhores e um DNA mais variado para o seu futuro biológico. Por isso, aquelas que se esgueiravam para os bosques com amantes secretos viviam mais tempo – transmitindo inconscientemente, ao longo dos séculos, o que quer que exista no espírito feminino que motiva as mulheres modernas a ter relações extraconjugais.[5]

Por isso, o adultério feminino foi provavelmente algo adaptativo. Tão adaptativo, na verdade, que deixou sua marca na fisiologia feminina. Ao contrário do homem, após um orgasmo, a mulher pode ter outros consecutivos. Esta elevada energia sexual da mulher, aliada a dados sobre outros primatas, levou a antropóloga Sarah Hrdy a formular uma nova hipótese sobre os primórdios do adultério da mulher.

As fêmeas dos pongídeos e dos macacos envolvem-se em um grande número de coitos não-reprodutivos. Durante o cio, por exemplo, uma chimpanzé vai copular com todos os machos das proximidades, exceto seus filhos. Esta sexualidade suplementar existente nas fêmeas chimpanzés e em muitas outras fêmeas dos primatas não é necessária à reprodução. Por isso, Hrdy propõe que a busca da fêmea chimpanzé pela variedade sexual tem dois propósitos darwinianos: fazer amizade com machos que possam tentar matar o recém-nascido e confundir a paternidade, para que cada macho da comunidade aja paternalmente em relação ao futuro bebê.

Depois, Hrdy aplica esse raciocínio em relação às mulheres, atribuindo sua elevada energia sexual a uma antiga tática evolutiva para copular com parceiros múltiplos, obtendo, assim, um investimento paternal suplementar e a garantia de cada um contra o infanticídio. Talvez nossas ancestrais primitivas que viviam em árvores fizessem sexo com muitos homens para conseguir amigos. Quando passaram a formar casais para criar os filhos, as mulheres passaram da promiscuidade explícita às copulações clandestinas, colhendo os benefícios dos recursos e também de genes melhores e mais variados.[6]

Punição aos adúlteros

Morte por apedrejamento, fogo, afogamento, sufocamento, arma de fogo, golpes de punhal, açoitamento público, marcação a ferro quente, espancamento, decepamento do nariz e das orelhas, mutilação dos genitais – são castigos cruéis praticados em todo o mundo quando um adultério é descoberto.

A fidelidade feminina sempre foi uma obsessão para o homem. É preciso proteger a herança e garantir a legitimidade dos filhos. Isso torna a esposa sempre suspeita, uma adversária que requer vigilância absoluta. Por temerem golpes baixos e traições, os homens lançaram mão de variadas estratégias: manter as mulheres confinadas em casa sem contato com outros homens, cinto de castidade e até a extirpação do clitóris, a fim de limitar as pulsões eróticas. Puni-la severamente ou mesmo matá-la é considerado simplesmente o exercício de um direito. No Ocidente, muitas são espancadas ou mortas por maridos ciumentos, protegidos por leis penais lenientes com os crimes passionais. Ao homem, por não haver prejuízo para a sua linhagem, concede-se o direito de infidelidade conjugal.

Não é novidade que, nas sociedades patriarcais, os homens são competidores. Durante a Idade Média, os maridos rivalizavam em crueldade com relação a suas esposas adúlteras. Ser menos cruel do que o vizinho era estar em desvantagem. Existem muitas histórias terríveis. Uma mulher foi forçada a preparar o coração de seu amado e depois comê-lo. Outra foi entregue a um grupo de leprosos para ser estuprada. Um marido enganado pegou o amante de sua mulher e o esquartejou. Seus ossos foram colocados numa capela, onde a esposa era obrigada a ir diariamente contemplar seu crime e beber da caveira do amante morto. Raramente homens adúlteros eram punidos. As esposas eram submetidas, no mínimo, a humilhações públicas e, no máximo, a torturas e/ou morte. Seus amantes corriam o risco de ser castrados ou assassinados.[7]

Um chinês ou japonês tradicional só podia ser chamado de adúltero se tivesse dormido com a esposa de outro homem. Isso era tabu. O sexo ilícito com mulher casada era uma violação ao marido da mulher e a toda sua ancestralidade. Na China, esses violadores da lei eram queimados até a morte. Na Índia, se um homem seduzisse a esposa de seu guru, era condenado a se sentar sobre um prato de ferro até ele ficar incandescente e extirpar seu próprio pênis. O único procedimento honrado para um japonês era o suicídio. Nas sociedades agrícolas asiáticas tradicionais, o sexo só era livre com as gueixas, as prostitutas, as escravas e as concubinas. Esses relacionamentos sexuais não eram considerados adúlteros. Era diferente em relação à mulher. Na China e no Japão, esperava-se que uma esposa adúltera cometesse suicídio.[8]

Segundo a lei islâmica denominada *Sharia* (*Shari'ah* ou *Charia*), uma mulher considerada adúltera deve ser enterrada até o pescoço (ou as axilas) e apedrejada até a morte. Quem decreta a sentença são tribunais religiosos, com base na interpretação do livro sagrado do Islã, o *Alcorão*. A tarefa de executar a vítima cabe aos moradores da cidade, ex-vizinhos, ex-conhecidos e, especialmente, familiares da parte ofendida. Tudo sob a supervisão de um magistrado. Existem algumas regras para a execução. Os executores devem cuidar para não atirar pedras muitos grandes nem muito pequenas. As pedras muito grandes matam rapidamente a vítima e as muito pequenas prolongam demais o suplício. Versos religiosos devem ser entoados enquanto as pedras são atiradas.

Em abril de 2005, ocorreu no Afeganistão a primeira execução de uma mulher por prática de adultério, desde a queda do regime do Taliban, no final de 2001. A vítima foi uma jovem de 29 anos considerada culpada e condenada à morte pelos tribunais locais. Aproximadamente 48 horas depois, foi levada à força da casa de seus pais, no distrito de Urgu, província de Badakhan, por seu marido e autoridades locais, antes de ser apedrejada publicamente. No homem acusado de cometer adultério com ela, foram dadas cem chicotadas e depois ele foi deixado livre.

É impressionante o fato de que, apesar de todas as punições, homens e mulheres, de qualquer época e de qualquer lugar, se envolvam em relações extraconjugais. Com tantos riscos, é difícil entender como se arriscam a praticar sexo fora do casamento. Isso parece ser algo irresistível como uma droga. Tão irresistível a ponto de as pessoas se arriscarem a ser mutiladas e/ou executadas. Não existe cultura em que o adultério seja desconhecido, e parece não haver nada que consiga fazê-lo desaparecer.

A infidelidade feminina

Apesar de no século XIX muitas teorias terem sido criadas afirmando que a mulher não se interessa por sexo, que seu único prazer seria cuidar dos filhos, isso não corresponde à visão predominante na história da sexualidade humana. As mulheres mulçumanas têm o costume de usar véu porque os povos islâmicos acreditam que elas são extremamente sedutoras. A extirpação do clitóris é realizada em várias culturas africanas para conter a elevada libido feminina. Helen Fisher acredita que, se tivéssemos perguntado a Clellan Ford e a Frank Beach, pesquisadores sexuais dos anos 50, qual dos dois sexos tinha mais interesse na variedade sexual, eles teriam respondido: "Naquelas sociedades em que não há padrões duplos nas questões sexuais, e em que é permitida uma variedade de ligações, as mulheres utilizam tão ansiosamente suas oportunidades quanto os homens."[9]

Kinsey concordava dizendo: "Mesmo naquelas culturas que tentam com mais rigor controlar o coito extraconjugal feminino, está absolutamente claro que tal atividade ocorre, e, em muitos casos, com considerável regularidade."[10]

A dependência econômica da mulher foi uma motivação importante da tendência monogâmica presente em nossa cultura. O marido jamais admitiria uma infidelidade e, dessa forma, ela não teria como sobreviver. O homem teme um rival mais competente no sexo e tem pavor de ser estigmatizado como "corno". Isso demonstraria a todos que ele não soube se fazer respeitar e que não foi suficientemente homem para segurar a mulher. O fracasso em corresponder ao ideal masculino da sociedade patriarcal o exporia ao ridículo e ao desprezo. "O mesmo não acontece quando o marido é infiel. Uma mulher enganada não é desprezada, mas lamentada, pois a infidelidade do marido constitui um perigo real para a mulher economicamente dependente."[11] Por isso, sempre houve mais condescendência à infidelidade do marido.

O duplo padrão do adultério – homem pode, mulher não – está desaparecendo. Durante cinco mil anos, os homens acreditaram ser somente deles esse direito. Mas começam a pensar diferente. A pílula anticoncepcional, ao possibilitar o movimento de emancipação feminina e a revolução sexual, foi fundamental para a mudança das mentalidades.

Há estudos que investigam o "fenômeno da discrepância paterna", ou seja, filhos que são gerados por homens que não são os maridos das mães. Um deles, conduzido por biólogos ingleses, anunciou que aproximadamente 9% das crianças estão incluídas nesta categoria. Uma médica que pesquisa a genética do câncer de mama e reuniu DNA de crianças e seus pais descobriu uma incidência de 10% de "discrepância paterna", mas não publicou a descoberta porque temia que o financiamento de sua pesquisa fosse cortado. Uma matéria do *Times* de Londres foi mais alarmante, afirmando que "uma proporção elevada, de uma em cada sete crianças, não era gerada pelo homem que acredita ser o pai" e que "a desconfiança em relação à paternidade não pode ser um fator desprezado na ruptura familiar".[12]

Essa mesma desconfiança foi responsável, durante cinco mil anos, pelo encarceramento da mulher em casa. Ela foi proibida de aparecer diante de estranhos. O homem ficou obcecado pela certeza de paternidade. Afinal, não lhe agradava a idéia de deixar a herança para o filho de outro. Se considerarmos os métodos anticoncepcionais existentes hoje, e o fato de a grande maioria das relações sexuais não ter como objetivo a gravidez, os números que os estudos apontam são bastante elevados.

Até algumas décadas atrás, os maridos não permitiam que suas mulheres trabalhassem fora de casa. Isso poderia ser uma demonstração de que não conseguiam sustentar a família, o que os desvalorizaria perante outros homens. Além disso, temiam o contato de suas esposas com os companheiros de trabalho, o que não era de todo sem sentido. Num estudo feito pela revista americana *New Woman*, 58% de sete mil leitoras confessaram ter relações extraconjugais. A maioria disse ter conhecido o amante no trabalho. Shirley Glass, uma psicóloga de Baltimore, Estados Unidos, comentou em 2003 que, pelo fato de trabalharem muitas horas juntos, homens e mulheres podiam criar ligações emocionais que levavam a jogos sexuais: "O relacionamento no trabalho torna-se muito rico, e as situações em casa são opressivas e centradas nos filhos. As pessoas se envolvem sem planejar trair."[13]

Uma pesquisa realizada com 106 mil leitoras da revista americana *Cosmopolitan* no início dos anos 80 indicou que 54% das mulheres casadas tiveram pelo menos um caso extraconjugal, e uma pesquisa de Shere Hite, na mesma época, abrangendo 7.239 homens, relatou que 72% dos casados há mais de dois anos já tiveram relações extraconjugais. Estes dados, tanto para mulheres quanto para homens, foram depois verificados por outros pesquisadores. Os estudos também demonstram o surgimento de duas novas tendências: ambos os sexos começaram a ter relações extraconjugais mais cedo do que nas décadas anteriores, e o padrão duplo foi corroído. Todos esses dados nos levam a suspeitar que as mulheres têm relações extraconjugais com a mesma satisfação e talvez até com a mesma avidez que os homens.[14]

Muitos ainda acreditam que as mulheres fazem sexo para ter amor e os homens dão amor para ter sexo. Esse padrão de comportamento, assim como a idéia de que a mulher só tem relação extraconjugal motivada por uma grande paixão, e o homem só para fazer sexo, estão saindo de cena.

O controle da fidelidade

De maneira geral, numa relação estável, as cobranças de fidelidade são constantes e é natural sua aceitação. Uma severa vigilância é exercida sobre os parceiros. O medo de ficar sozinho é tanto que é difícil encontrar quem reivindique privacidade e tenha maturidade emocional para saber que, se tiver um episódio extraconjugal, isso não dirá respeito ao parceiro. A única coisa que importa numa relação é a própria relação, os dois estarem juntos porque gostam da companhia um do outro e fazerem sexo porque sentem prazer.

Entretanto, o controle da fidelidade da mulher sempre foi uma grande preocupação para o homem. O século XIV assistiu à invenção do cinto de castidade, conhecido como *florentino*. Se o dinheiro podia ser trancafiado, porque não fazer o mesmo com a genitália das esposas? Era alimentada a crença de que as mulheres eram libertinas e melhor seria tomar todos os cuidados. O cinto consistia numa estrutura de metal que passava entre as coxas das mulheres, da frente para trás. O marido carregava a chave. Até o século XIX, ainda existiam cintos comercializados em Edimburgo por um médico chamado John Moodie. Era um modelo que evitava os dildos (pênis artificiais), que, segundo ele, eram utilizados por metade das escocesas.

Esses fatos são vistos por nós com humor, como coisa de um passado longínquo.

Contudo, na contramão da evolução das mentalidades, há alguns indicadores que apontam para uma maior vigilância por parte de alguns maridos. Um kit doméstico para teste de infidelidade de 49,95 dólares, o CheckMate, que testa manchas de sêmen, está fazendo grande sucesso nos Estados Unidos e na Europa, vendendo mais de mil unidades por semana. Brad Holmes, diretor de marketing do produto, afirma que quase 85% de seus clientes nos Estados Unidos são homens: "O estereótipo da esposa submissa casada com o marido traidor está ultrapassado", diz ele. "Parece que agora a mesa virou. As mulheres estão traindo como loucas."[15]

A dimensão do amante

Quando o casamento cai na rotina e não tem mais nada de estimulante, o "outro" amado sempre parece mais atraente – mais sensual, mais interessante, mais merecedor – do que o cônjuge. O fato de ser inacessível é o que faz a relação extraconjugal apresentar um fascínio especial. Os dois amantes estão sempre esperando alguns poucos momentos preciosos, e há o outro, o obstáculo evidente à realização do verdadeiro amor. O fato de o amor pelo amante existir no mundo da imaginação, alimentar-se de fantasias e de sua própria natureza secreta e afastar-se do mundo cotidiano é exatamente o que promove sua qualidade extraordinária.

O sociólogo italiano Francesco Alberoni faz uma análise interessante sobre a dimensão do amante na vida de homens e mulheres. Para ele, "o erotismo pressupõe a ausência de preocupações em relação à pessoa com a qual se está relacionando. Se existem problemas, envolvimentos externos desagradáveis, é preciso que haja um ato positivo de alheamento, liberação. A área liberada e iluminada pode, então, ser preenchida pelo erotismo. Não é um espaço vazio; é um espaço esvaziado. Nele, é possível concentrarse exclusivamente no prazer erótico e em sua perfeição. Como na meditação.

"O tempo passado com o amante deve ser um tempo extraordinário, livre de toda e qualquer preocupação. O tempo da felicidade, o tempo da paz. Um tempo separado, recortado do cotidiano. Com um princípio e um fim. O amante existe paralelamente a uma relação institucional. Constitui uma outra dimensão na qual a pessoa se refugia e da qual escapa do cotidiano. A dimensão do cotidiano é aquilo de que se fala e é notório. É o lugar dos deveres institucionais onde é possível enumerar os detalhes, analisar as tarefas. A dimensão do amante é a separação, o duplo, o paralelo. Esta dimensão é mais serena, exatamente porque seu tempo é limitado, ou seja, a relação com o mundo é parcial. Tudo vai bem com o amante porque, naquele tempo, não há interferências, apenas perfeição erótica. O tempo limitado e separado é governável, como uma festa, um espetáculo teatral, umas férias, um baile.

"Às vezes, os dois estão apaixonados, mas um quer conservar o papel de amante para evitar que o amor invada toda a existência e crie um novo cotidiano. Ou, então, para evitar ter de escolher. Existem relações entre amantes que podem durar anos e anos, até mesmo por toda a vida. Principalmente quando ambos são casados. Os dois não se encontram com muita freqüência e, durante o encontro, não permitem a interferência de nenhum elemento perturbador. São carinhosos, gentis, interessados apenas em se dar prazer recíproco. Agem como dois cúmplices e cada um dá o melhor de si.

"O fato de essa relação estar limitada ao erotismo imprimi-lhe um caráter não-compromissado. Mesmo que, com o tempo, se desenvolva um afeto sincero e profundo, talvez mesmo algo como amor. Não existe amante sem que haja limite. Limite de tempo, na oficialidade, na apresentação. Não existe amante sem que haja segredo. Quando uma relação é manifesta, pública, muda de natureza, torna-se casamento, mesmo que não tenha esse nome."[16]

O porquê da relação extraconjugal

Em 1992, a escritora americana Dalma Heyn tentou detonar alguns mitos comuns sobre as mulheres e o sexo, como a crença de que as mulheres são monógamas por natureza e que aquelas com casamentos felizes não cometem adultério. Ela entrevistou mulheres casadas que tinham casos extraconjugais, e sustenta que ter um caso é um modo de as mulheres tentarem resgatar a individualidade considerada perdida no casamento. A autora recebeu ameaças; quando apareceu no programa de televisão *Larry King Live*, espectadores telefonaram para denunciá-la. A revista *Elle* disse às leitoras que "um caso pode ser uma recarga sexual". A *Harper's Bazaar* sugeriu que os casamentos podem realmente melhorar com os casos extraconjugais: "Como conseguem obter bastante êxtase em outro lugar, essas mulheres não estão inclinadas a reclamar, censurar ou encontrar defeitos nos maridos."[17]

Ao pesquisar o que estudiosos do tema pensam sobre as motivações que levam a uma relação extraconjugal em nossa cultura, fiquei bastante surpresa. As mais diversas justificativas apontam sempre para problemas emocionais, insatisfação ou infelicidade na vida a dois. Não li em quase lugar algum o que me parece mais óbvio: embora haja insatisfação na maioria dos casamentos, as relações extraconjugais ocorrem principalmente porque as pessoas gostam de variar. Um casamento pode ser plenamente satisfatório do ponto de vista afetivo e sexual e, mesmo assim, as pessoas terem relações extraconjugais. Concordo com Wilhelm Reich quando diz que ninguém pensaria em condenar outra pessoa por não querer usar a mesma roupa durante anos a fio, ou por não querer comer todos os dias a mesma refeição.

Isso sem falar no fato de ser possível amar duas pessoas ao mesmo tempo. E podemos amar com a mesma intensidade, do mesmo jeito ou diferente. Acontece o tempo todo, mas ninguém gosta de admitir. A questão é que nos cobramos a rapidamente fazer uma opção, descartar uma pessoa em benefício da outra, embora essa atitude costume vir acompanhada de muitas dúvidas e conflitos.

Mas, na realidade, todas as pessoas estão constantemente expostas a estímulos sexuais novos provenientes de outros, que não o parceiro atual. É provável que esses estímulos não tenham efeito na fase inicial da relação, em que há total encantamento pelo outro. Entretanto, existem e não podem ser eliminados. "Todo o moralismo em torno das relações extraconjugais só produz efeitos contrários, na medida em que a repressão das necessidades sexuais serve sobretudo para exacerbar sua urgência. Os estímulos sexuais, que apenas podem ser contrariados com eficácia por uma inibição sexual neurótica, despertam em qualquer pessoa sexualmente saudável o desejo por outros objetos sexuais. Quanto mais saudável for a pessoa, mais consciente, isto é, não-recalcados serão esses desejos e conseqüentemente mais fáceis de controlar. É evidente que tal controle é tanto menos nocivo quanto menos for determinado por considerações morais", diz Reich.[18]

O efeito nocivo da repressão

Muito se fala acerca dos perigos de uma relação extraconjugal, mas pouco é dito sobre os efeitos nocivos da repressão dos desejos. Reich analisa os prejuízos causados às pessoas envolvidas e à própria relação: "Quando o desejo por outros parceiros se torna mais premente, afeta a relação sexual existente, nomeadamente no sentido de acelerar o enfraquecimento do desejo sexual pelo cônjuge. A relação sexual torna-se progressivamente um hábito e um dever. A diminuição progressiva do prazer obtido com o parceiro e o desejo por outros objetos somam-se e reforçam-se mutuamente. Não se pode evitar essa situação ou iludir-se em relação a ela por meio de boas intenções ou de "técnicas amorosas". É a essa altura que se manifesta um estado crítico de irritação em relação outro, irritação que, conforme o temperamento de cada um, se exterioriza ou é reprimida. Em qualquer dos casos, e conforme demonstra a análise de situações desse gênero, gera-se e desenvolve-se sem cessar um ódio inconsciente contra o outro, pelo fato de ele impedir a satisfação, ou seja, frustrar, os outros desejos sexuais. Em tal caso, não se tem qualquer razão pessoal e consciente para odiar. Entretanto, sente-se nele, e mesmo no amor que por ele se tenha, um obstáculo, um peso.

Freqüentemente, o ódio é compensado e camuflado por uma extrema afeição. Essa afeição reativa nascida do ódio e os sentimentos de culpa concomitantes são as componentes específicas de certa forma de ligação "pegajosa". Por isso, é tão freqüente se ver pessoas, mesmo não-casadas, que não são capazes de se separar, ainda que efetivamente já não tenham nada a se dizer e, menos ainda, a se dar, não sendo a relação entre elas mais do que uma tortura recíproca, prolongada e inútil.

Entretanto, o enfraquecimento do desejo sexual pode não ser definitivo. Mas passa facilmente do estado passageiro ao permanente se os parceiros forem incapazes de tomar consciência da tensão ou do ódio recíproco, se rejeitarem como inconvenientes e imorais os desejos sexuais sentidos por outras pessoas. Neste caso, verifica-se, em geral, a repressão de todas essas poderosas tendências, com todo o inevitável cortejo de conseqüências desastrosas para as relações entre duas pessoas que essa repressão engendra.

Se, pelo contrário, tais fatos forem abordados com franqueza, sem distorções nem preconceitos moralizantes, pode-se limitar a extensão do conflito e encontrar para ele uma saída, sob a condição de que as manifestações de ciúme não se transformem em reivindicações possessivas e se reconheça o caráter natural e legítimo do interesse sexual por outras pessoas. Incontáveis exemplos mostram que a fidelidade, calcada em valores morais, mina progressivamente uma relação, enquanto, em contrapartida, numerosos outros exemplos demonstram claramente que uma relação ocasional com outro parceiro favorece a relação estável, que estava em vias de se deteriorar".[19]

Conseqüências das relações extraconjugais

Há um equívoco generalizado ao se identificar fidelidade com sexualidade. Conheço pessoas que nunca tiveram uma relação extraconjugal, mas não suportam o cônjuge. Permanecem com seus parceiros por dependência – emocional ou financeira –, criticando-os e desvalorizando-os. No entanto, são consideradas fiéis...

Alguns não concordam com a idéia de posse, que é a tônica da maioria das relações estáveis. Para eles, a fidelidade está no sentimento recíproco que nutrem e nas razões que sustentam a própria vida a dois. Entretanto, isso não tem nada a ver com ter ou não relações sexuais com outra pessoa. O problema é que, quando duas pessoas iniciam um namoro ou se casam, defendem a idéia de que quem ama deve contar tudo para o outro. Mas casamento não é confessionário.

As conseqüências de um relacionamento extraconjugal variam muito, dependendo de inúmeros fatores, tais como a visão que se tem do casamento, a atitude do parceiro, o envolvimento entre o cônjuge e a terceira pessoa. Quando não há separação, algumas pessoas não se deixam abater e continuam bem o casamento; outras não conseguem esquecer e passam a vida magoadas e recriminando o outro.

Reich acredita que, numa relação estável, sem dependência econômica, a ocorrência de uma relação passageira pode ter duas saídas. A relação com a terceira pessoa não era senão acidental, comprovando-se, assim, que ela não podia rivalizar com a relação existente, a qual sai apenas reforçada com essa prova, ou a nova relacão se torna mais intensa que a anteriormente estabelecida, proporcionando mais prazer, rompendo-se, então, a relação antiga.

Em caso de rompimento, o que acontece com o parceiro cujo sentimento amoroso continua intacto? Ele ou ela terá inegavelmente uma dura batalha a travar. O ciúme e o sentimento de inferioridade sexual entrarão em conflito com a compreensão das razões e ao destino do parceiro. A pessoa tentará reconquistar o parceiro, o que implicitamente elimina o automatismo da relação prolongada e quebra a certeza da possessão, ou preferirá manter-se na expectativa de que o curso dos acontecimentos decida por si mesmo. Seja qual for a evolução, ela será sempre melhor do que o martírio de duas pessoas acorrentadas entre si por razões morais ou irracionais.

Os problemas e restrições que em tais circunstâncias muitas pessoas têm o hábito de se impor, por causa do parceiro, reprimindo seus verdadeiros desejos sem conseguir nunca extirpá-los, tendem muito facilmente a produzir um efeito contrário: o parceiro que teve excessiva consideração pelo outro tende a se sentir credor de uma gratidão especial, a se considerar vítima, a se tornar intolerante, e qualquer dessas atitudes mina e ameaça bem mais uma relação do que uma "infidelidade".[20] Quando a fidelidade não é natural nem a renúncia é gratuita, o preço se torna muito alto e pode inviabilizar a própria relação.

Tendências

O amor que conhecemos começa a sair de cena, levando consigo a idealização do par romântico, com a idéia de os dois se transformarem num só e, conseqüentemente, a idéia de exclusividade. Mas ainda são poucos os que aceitam a possibilidade de ter um casamento aberto. O psicoterapeuta e escritor José Ângelo Gaiarsa afirma que a questão relativa ao casamento ser fechado ou aberto só é conversada superficialmente, pois uma das graves hipocrisias históricas do casamento é constatar que, em quase todas as sociedades, praticamente todo mundo diz que a fidelidade conjugal é fundamental, mas, em todas elas, havia relações extraconjugais em demasia, mesmo quando existiam horrorosos tormentos e suplícios para a pessoa que prevaricasse. "Houve sociedades muito cruéis nessa área. Apesar disso, sempre houve infidelidade. Então, o casamento sempre foi aberto. Ponto. Vamos partir desta premissa. Estamos discutindo a hipocrisia coletiva, e não um fato. (...) Ao escolher entre o casamento aberto e o fechado, é importante observar que uma aventura não é só passatempo, não é só gostoso, não é só uma relação sexual diferente. Se ela for uma ligação afetiva e pessoal de certa força, é profundamente rejuvenescedora, repousante, transformadora", diz Gaiarsa.[21]

O futuro do sexo exigirá mais capacidade de nos livrarmos do passado do que de nos acostumarmos com o novo presente. Afinal, seremos mais livres para dar vazão a nossas fantasias e teremos plenas possibilidades de viver sem culpas. A maioria dos seres humanos já sentiu vontade de viver uma relação breve com alguém que lhe agradou, e isso não só devido a fatores físicos. Os mais variados aspectos podem provocar o desejo, mas somos historicamente limitados pela idéia de exclusividade.

Num futuro próximo, casais podem estar ligados por questões afetivas, profissionais ou mesmo familiares, sem que isso impeça que suas vidas amorosas se multipliquem com outros parceiros. Viver junto será uma decisão que vai se ligar muito mais a aspectos práticos.

As pessoas podem vir a ter relações estáveis com várias pessoas ao mesmo tempo, escolhendo-as pelas afinidades. Talvez uma para ir ao cinema e teatro, outra para conversar, outra para viajar, a parceria especial para o sexo, e assim por diante. A idéia de que um parceiro único deva atender a todos os aspectos da vida pode se tornar coisa do passado.

Notas

1. Kinsey, A. C. *Sexual Behavior in the Human Female*. Filadélfia: W. B. Saunders, 1953. p. 409.
2. Fisher, Helen. *Anatomia do amor*. Eureka, 1995. p. 86.
3. Varella, Drauzio. "Estratégias sexuais". www.drauziovarella.com.br.
4. Fisher, Helen. Op. cit. p. 69.
5. Idem. p. 102.
6. Idem. p. 103.
7. Ackerman, Diane. *Uma história natural do amor*. Rio de Janeiro: Bertrand Brasil, 1997. p. 337.
8. Fisher, Helen. Op. cit. p. 88.
9. Idem. p. 104.
10. Kinsey, A. C. Op. cit.
11. Reich, Wilhelm. *Casamento indissolúvel ou relação sexual duradoura?*. São Paulo: Livraria Martins Fontes, 1972. p. 30.
12. Kingston, Anne. *A importância de ser esposa*. Rio de Janeiro: Record, 2005. p. 180.
13. Idem.
14. Fisher, Helen. Op. cit.
15. Kingston, Anne. Op. cit. p.179.
16. Alberoni, Francesco. *O erotismo*. Rio de Janeiro: Rocco, 1988. p. 63.
17. Kingston, Anne. Op. cit. p.183.

18. Reich, Wilhelm. Op. cit. p. 16.
19. Idem. p.18.
20. Idem. p.19.
21. Gaiarsa, José Ângelo. *Vida a dois*. Rio de Janeiro: Siciliano, 1991. p. 37.

Bibliografia

ACKERMAN, Diane. *Uma história natural do amor*. Rio de Janeiro: Bertrand Brasil, 1997.

ALBERONI, Francesco. *O erotismo*. Rio de Janeiro: Rocco, 1997.

AMOR e sexualidade no ocidente. *L'Histoire/Seuil*. Porto Alegre: L&PM Pocket, 1992. Edição especial.

ÁRIES, Philippe e DUBY, Georges. *História da vida privada,* V. 1. São Paulo: Companhia das Letras, 1991.

COSTA, Moacir (org.). *Vida a dois*. São Paulo: Siciliano, 1991.

FISHER, Helen. *Anatomia do amor*. São Paulo: Eureka, 1995.

FLANDRIN, Jean-Louis. *O sexo no ocidente*. São Paulo: Brasiliense, 1988.

FUNARI, Pedro Paulo. *A vida quotidiana na Roma antiga*. São Paulo: Annablume, 2003.

GOLDBERG, Jane G. *Tenho raiva*. São Paulo: Mercuryo, 2000.

KINGSTON, Anne. *A importância de ser esposa*. Rio de janeiro: Record, 2005.

KINSEY, A. C. *Sexual Behavior in the Human Female*. Filadélfia: W. B. Saunders, 1953.

NAVARRO LINS, Regina. *A cama na varanda*. Rio de Janeiro: Best*Seller*, 2007.

PERROT, Michele. *As mulheres e os silêncios da história*. São Paulo: Edusc, 1998.

POIRIER, Jean. *História dos costumes*. Lisboa: Editorial Estampa, 2004.

REICH, Wilhelm. *Casamento indissolúvel ou relação sexual duradoura?* São Paulo: Livraria Martins Fontes, 1972.

SOLOMON, Robert C. *O amor*. São Paulo: Saraiva, 1992.

TANNAHILL, Reay. *O sexo na história*. Rio de Janeiro: Francisco Alves, 1983.

YALOM, Marilyn. *A história da esposa*. Rio de Janeiro: Ediouro, 2002.

ZAMPIERI, Ana Maria Fonseca. *Erotismo, sexualidade, casamento e infidelidade*. São Paulo: Ágora, 2004.

ZELDIN, Theodore. *Uma história íntima da humanidade*. Rio de Janeiro: Record, 1994.

contato com os autores:

Flávio Braga
e-mail: fvfbraga@uol.com.br

Regina Navarro Lins
site: www.camanarede.com.br
e-mail: rlnl@uol.com.br

coleção amores comparados

Volume I:

O SEXO NO CASAMENTO

Na Idade Média, na região onde hoje se localiza a Itália, a jovem Ollena passa por aventuras e desventuras em seus casamentos. No século XXI, no Rio de Janeiro, três casais têm seus meandros amorosos destrinchados durante uma comemoração de bodas. O que as personagens nos dois textos de Flávio Braga têm em comum? Todas estão em busca de uma vida sexual mais prazerosa. Após cada história, Regina Navarro Lins faz uma análise que busca esclarecer as motivações e os agentes externos que atuam no casamento e na vida sexual dos cônjuges.

Volume II:

SEPARAÇÃO

Em um casamento, muitas vezes, a relação vai se desgastando e a vida do casal deixa de proporcionar prazer. Mesmo que um dos parceiros recuse-se a aceitar, não há vida a dois se uma das partes sente-se infeliz: com ressentimento ou harmonia, as pessoas acabam se separando. Regina Navarro Lins e Flávio Braga mostram nesse livro que não somente as leis e as cerimônias envolvidas na união e no rompimento dos casais mudaram muito ao longo dos últimos quarenta anos, como o comportamento de homens e mulheres e as circunstâncias que envolvem uma relação a dois também são outros. Um discussão que envolve direitos, deveres e, fundamentalmente, a possibilidade de uma vida mais satisfatória para quem escolhe a separação.

Você pode adquirir os títulos da Editora Best*Seller* por Reembolso Postal e se cadastrar para receber nossos informativos de lançamentos e promoções. Entre em contato conosco:

Este livro foi composto na tipologia Arrus,
em corpo 10/14 e impresso em papel off-white 80g/m^2
pelo Sistema Cameron da Divisão Gráfica
da Distribuidora Record.